Kuzhina në Mikrovalë

Receta të Shijshme dhe të Thjeshta për Ushqime të Shpejta

Lirika Mavraj

Indeksi

Paella 14
paella me speca 15
amandine pule 16
Amandine pule me domate dhe borzilok 17
pulë divan 18
Pulë në salcë kremi me selino 19
Pulë në salcë kremi me patate të skuqura 19
pule mbreti 20
Türkiye à la King 21
Pulë mbreti me djathë 21
Byrek me pule à la King 21
Slimmers Chicken Liver Roast 22
Mëlçia e pjekur e gjelit të hollë 23
tetrazzini pule 24
Tavë me shtresa pule dhe perime të përziera 25
Pulë me mjaltë mbi oriz 26
Pulë në salcë limoni me rum të bardhë 27
Pulë në salcë raki me portokall 28
Coxinhas me salcë Barbecue me Makarona Baby 29
Pulë me salcë meksikane 30
Krahët e pulës në salcë BBQ me petë për fëmijë 31
jambalaya pule 32

Türkiye Jambalaya 33
pulë me gështenja 34
gumbo pule 35
gombo gjeldeti 37
Gjoksi pule me salcë portokalli kafe 37
Pulë në salcë piper kremoze 38
Gjeli i detit në salcë kremoze djegës 39
Pulë pylli 40
Pulë me mollë dhe rrush të thatë 41
Pulë me dardhë dhe rrush të thatë 42
pulë me grejpfrut 43
Pulë hungareze dhe perime të përziera 44
Pulë Bourguignonne 45
Pulë Fricasee 47
Frikasee pule me verë 48
pule supreme 49
Coq Au Vin 49
Coq au Vin me kërpudha 50
coque au cola 50
Shkopinj daulle me Veshje Deviled 51
Kacciatore pule 52
ndjekës i pulës 53
Pulë Marengo 53
pulë susam 54
kapiten i vendit 55
Pulë me salcë domate dhe kaperi 57
paprika pule 59

Pulë në hijen e Lindjes *61*
nasi goreng *63*
gjeldeti i pjekur *64*
turqisht spanjisht *65*
tacot e gjelit të detit *66*
taco petullash *68*
bukë gjeli *68*
Curry Anglo-Madras Turqia *69*
kerri me fruta gjeldeti *70*
Byrek me gjeldeti me bukë dhe gjalpë *71*
Tavë gjeldeti dhe orizi me mbushje *73*
Gjoks gjeldeti me glazurë portokalli *74*
rosë e ëmbël dhe e thartë *75*
rosë kantoni *76*
Rosë me salcë portokalli *77*
Rosë e stilit francez *79*
Pjekja e gishtave të mishit pa kocka dhe të prera në feta *82*
Bërxolla derri të ëmbla dhe të tharta me portokall dhe limon *83*
Bukë mishi *84*
Gjeli i detit dhe terina me sallam *85*
Copat e derrit me salcë zippy *85*
Tavë me mish derri dhe ananas Havai *86*
Tavë Havai me proshutë dhe ananas *87*
Tavëll festive *88*
Tavëll Gala me smalt *89*
Paella me sallam spanjoll *90*
Qofte në stil suedez *90*

Mish derri të pjekur me kërcitje 92
Mish derri i pjekur me mjaltë 92
Bërxolla derri me lakër të kuqe 93
Fileto derri stil romak 94
Fileto derri dhe tavë perimesh 95
Copat e derrit me piper 96
Mish derri me chutney dhe mandarina 97
brinjë të 'pjekura' 98
Çikore e mbështjellë me proshuto në salcë djathi 99
Brinjë derri me salcë Barbecue portokalli 101
Puding me biftek dhe kërpudha 102
Puding me biftek dhe veshka 104
Puding me biftek dhe gështenjë 104
Biftek dhe puding arre turshi me kumbulla të thata 105
Mish i grirë i Amerikës së Jugut 105
Mish i grirë brazilian me vezë dhe ullinj 106
Sanduiç Ruben 106
mish viçi mein 107
chop viçi suey 107
Tavë me patëllxhanë dhe mish 107
kerri qofte 109
qofte italiane 110
Qofte me paprikë të shpejtë 111
Fetë bufe mishi me barishte 112
Mish viçi i kikirikut malajzian me kokos 113
Mish i grirë dhe bukë me majonezë 114
Mish viçi i pjekur në verë të kuqe 115

Fondue me çokollatë *118*
Fondue me çokollatë me portokall *118*
moka fondue *119*
Fondue me çokollatë të bardhë *119*
toblerone fondue *119*
mousse me çokollatë mbretërore *120*
Dardha Hollandeze me Mus çokollatë Advocaat *121*
Musa me çokollatë tradicionale *122*
Mus me çokollatë portokalli *123*
mousse moka *123*
mousse me çokollatë mente *123*
ajri i Berlinit *124*
Krem karamel *125*
Pjeshkë pikante dhe portokall në verë të kuqe *125*
Dardha pikante dhe portokall në verë të kuqe *126*
Mus me mjedër në dollap *127*
Krem me vezë, kajsi dhe sheri *128*
Shkurtore e vogël sheri *130*
kek kek me krem çokollate *131*
Gjakderdhje me pandispanje *131*
retë me gëzof limoni *132*
retë me gëzof limoni *133*
borë me mollë *133*
borë kajsi *134*
Dardha e kalitur me beze limoni *135*
Kamxhiku finlandez i boronicës *136*
Kamxhik boronicë dhe portokalli *137*

Kissel 138
Kos i bërë në shtëpi 139
vazo me kajsi 140
Pots krasitëse 141
Jubileu i qershive 142
Frutat jubilare të pyllit 143
Pemë holandeze me çokollatë 143
Krem Liker Sundaes 144
Pelte rrushi dhe mjedre 144
Jelly mandarine dhe limon 145
Krem orizi me qershi të zezë 145
Ndarja e bananes 146
Shkumë pikante kumbulle 146
Portokalle te ftohur me salce çokollate te nxehte dhe nenexhik ... 147
myku i frutave të verës 148
Ftohje shalqini dhe kajsie me rrush të ngrirë 148
Kupa me raven dhe mandarinë 149
Kupa me raven dhe mandarinë me krem xhenxhefili 150
Luleshtrydhe me çokollatë në akullore me ananas 151
tortë daneze me mollë 152
fshatare me vello 153
oriz perandorak 154
mousse frutash për fëmijë 155
Mus me mjedër dhe rrush pa fara 157
Uellsia Rarebit 158
Djathë i rrallë i përzier 158
Buck Rarebit 159

Proshutë e rrallë 159
Birrë e rrallë 160
Sanduiçe të hapura me sallam hungareze 161
granola 162
granola e mjaltit 163
Qull 163
proshutë 164
Salcë e bardhë bazë 165
Salcë beshamel 166
salcë kaper 167
Salcë djathi 167
Salca Mornay 167
salcë veze 168
salcë kërpudhash 168
Salcë mustardë 168
Salcë qepë 169
salcë majdanozi 169
salcë lakërishte 169
duke derdhur salcën 170
Salca të gjitha në një 170
Salcë Hollandeze 171
Shkurtorja e salcës Bearnaise 172
salcë malteze 172
salcë majonezë 173
salcë kokteji 174
Salcë Louis 174
Veshje Thousand Island 176

Salcë jeshile 177
Salcë Remoulade 177
salcë tartar 178
Salcë e stilit të majonezës pa vezë 178
salcë menteje 179
salcë portokalli 179
Salcë barishtore e ftohtë 180
Salcë barishtore e ftohtë me limon 181
majdanoz 181
majdanoz i butë 182
salsa ekstra e nxehtë 182
majdanoz cilantro 183
salcë molle 183
Salcë molle znj. Beeton Brown 183
salcë rrush pa fara 184
Salsa me misër të ëmbël 185
Salcë austriake me mollë dhe rrikë 186
Salcë hudhër 187
Salca me mollë dhe rrepkë 188
salcë buke 189
Salcë për bukë kafe 190
Salcë me boronicë 190
Salca e verës me boronicë 191
Salcë rrushi me portokall 191
Salca me boronicë dhe mollë 191
Salca Cumberland 192
salcë vere sllovene 193

Salcë e hollë për shpendët 194
Salcë e trashë mishi 195
Salcë orientale me prerje të shkurtër 195
Salcë kikiriku në stil indonezian 196
salcë kreole 197
salcë e shpejtë kreole 198
Salcë Newburg 199
Salcë kafe pikante 200
Salcë pikante me arra turshi 201
Salcë portugeze 201
salcë domate fshatar 203
Salcë kerri gjeldeti për patate 204
Salcë tandoori gjeldeti për patate të mbushura 205
Salcë mishi me spec djegës për patate 206
Prisni salcën e shtëpisë 207
Djathë e nxehtë dhe salcë karrote për zorrën e patateve 207
Tufa me basting 208
mbushje me gjalpë 209
Salcë me karri pikante 209
Jalapeno Barbecue Mexican Baste 210
Salce domatesh 210
Krem holandez për blender gjalpi 212
Krem për blender vanilje holandeze 212
salcë me çokollatë të nxehtë 213
salcë moka 213
Salcë me çokollatë të nxehtë dhe portokalli 214
Salcë mente me çokollatë të nxehtë 214

coulis mjedër 214
Coulis frutash verore 215
kajsi coulis 216
Salcë karamel të bërë në shtëpi 217
salcë veze 218
Salcë veze me aromë 219
Krem me limon ose portokall 219
salcë raki 219

Paella

Shërben 6 racione

1 kg/2¼ paund gjoks pule pa kocka
30 ml/2 lugë gjelle vaj ulliri
2 qepë, të grira
2 thelpinj hudhre, te shtypura
1 spec jeshil zile, i prerë dhe i grirë
225 g / 8 oz / 1 filxhan rizoto
1 pako pluhur shafran i Indisë ose 5 ml/1 lugë shafran i Indisë
175 g / 6 oz / 1½ filxhan bizele të ngrira
4 domate, të zbardhura dhe të lëkura
225 g / 8 oz midhje të gatuara
75 g/3 oz/¾ filxhan proshutë të gatuar, të prerë në kubikë
125 g / 4 oz / 1 filxhan karkaleca të qëruara (karkaleca)
600 ml / 1 pt / 2½ gota ujë të valë
7,5–10 ml / 1½–2 lugë kripë
Midhje të gatuara ekstra, karkaleca të ziera dhe copa limoni për zbukurim

Vendoseni pulën rreth buzës së një tavë me diametër 25 cm (furrë holandeze), duke lënë një vrimë në qendër. Mbulojeni me mbështjellës plastik (mbështjellës plastik) dhe priteni dy herë për të lejuar që avulli të dalë. Gatuani në të plotë për 15 minuta. Kullojeni lëngun dhe rezervoni. Mbuloni pulën. Lani dhe thani enën. Hidhni vajin në enë dhe ngroheni në Plotë për 1 minutë. Shtoni qepën, hudhrën dhe piperin jeshil. Gatuani, pa mbuluar, në gjendje të plotë për 4 minuta. Shtoni të gjithë përbërësit e mbetur me pulën dhe pijen e rezervuar duke i trazuar mirë. Mbulojeni si më parë dhe gatuajeni në Fryrë për 20 minuta, duke e kthyer enën tre herë. Lëreni të pushojë në furrë për 10 minuta, më pas gatuajeni edhe për 5 minuta të tjera. Hapeni dhe dekorojini me midhje, karkaleca dhe feta limoni.

paella me speca

Shërben 6 racione

Përgatiteni si për Paella, por hiqni midhjet dhe ushqimet e tjera të detit nëse dëshironi dhe zbukurojeni me copa limoni, 200 gr speca zile të konservuara, të kulluara, të prera në rripa dhe bizele shtesë.

amandine pule

Shërben 4 racione

Një recetë tipike e shkurtoreve amerikane.

4 poussins (pule), rreth 450 g/1 lb secila
300 ml / 10 ml oz / 1 kanaçe kremi i kondensuar i supës me kërpudha
150 ml/¼ pt/2/3 filxhan sheri gjysmë të thatë
1 thelpi hudhër, e shtypur
90 ml / 6 lugë bajame të pjekura të pjekura (thekon)
175 g / 6 oz / ¾ filxhan oriz kaf, i gatuar
Brokoli

Vendosni pussins, me anën e gjoksit poshtë dhe në një shtresë të vetme, në një enë të madhe dhe të thellë që do të futet në mikrovalë. Mbulojeni me mbështjellës plastik (mbështjellës plastik) dhe priteni dy herë për të lejuar që avulli të dalë. Gatuani në të Plotë për 25 minuta, duke e kthyer enën katër herë. Kthejini pulat në mënyrë që të jenë tani nga ana e gjoksit lart. Përziejeni butësisht supën me sherin dhe lëngjet e pulës. Përzieni hudhrën. Hidheni përsëri mbi pulat. Mbulojeni si më parë dhe gatuajeni në Fryrë për 15 minuta, duke e kthyer enën tre herë. Lëreni të pushojë për 5 minuta. I kalojmë pulat në pjata të ngrohura dhe i mbulojmë me salcë. Spërkateni me bajame dhe shërbejeni me oriz dhe brokoli.

Amandine pule me domate dhe borzilok

Shërben 4 racione

Përgatiteni si për Amandinën e pulës, por zëvendësoni kërpudhat me kremin e kondensuar me supë me domate dhe sheri për marsala. Shtoni 6 gjethe borziloku të grisura në fund të kohës së gatimit.

pulë divan

Shërben 4 racione

Një tjetër specialitet i lehtë i Amerikës së Veriut i bërë tradicionalisht me brokoli.

1 kokë e madhe brokoli, e gatuar

25 g / 1 oz / 2 lugë gjelle gjalpë ose margarinë

45 ml / 3 lugë gjelle miell i thjeshtë (për të gjitha qëllimet)

150 ml/¼ pt/2/3 filxhan lëng pule të nxehtë

150 ml/¼ pt/2/3 filxhani krem i lehtë

50 g / 2 oz / ½ filxhan djathë i kuq Leicester, i grirë

30 ml / 2 lugë verë e bardhë e thatë

5 ml / 1 lugë mustardë e butë

225 g / 8 oz / 2 filxhanë pule të gatuar, të prerë në kubikë

kripë

arrëmyshk terren

45 ml / 3 lugë gjelle djathë parmixhano të grirë

Paprika

Ndani brokolin në lule dhe vendoseni në bazën e një enë me diametër 25 cm të lyer pak me gjalpë. Në një pjatë të veçantë, ngrohni gjalpin ose margarinën për 45 deri në 60 sekonda derisa të ziejë. Shtojmë miellin dhe pak nga pak përziejmë lëngun e nxehtë dhe kremin. Gatuani në gjendje të plotë për 4-5 minuta derisa të fryjë dhe të trashet, duke e përzier çdo minutë. Përzieni Red Leicester, verën, mustardën dhe pulën. Shtoni kripë dhe arrëmyshk sipas shijes. Përhapeni salcën mbi brokoli. Spërkateni me djathë parmixhano dhe paprika. Mbulojeni me mbështjellës plastik (mbështjellës plastik) dhe priteni dy herë për të lejuar që avulli të dalë. Ngroheni përsëri në shkrirje për 8 deri në 10 minuta derisa të nxehet.

Pulë në salcë kremi me selino

Shërben 4 racione

Përgatiteni si për divanin e pulës, por zëvendësoni brokolin me 400 g/14 oz/1 zemra të mëdha selino, të kulluara. (Lëngu në kanaçe mund të rezervohet për receta të tjera.)

Pulë në salcë kremi me patate të skuqura

Shërben 4 racione

Përgatiteni si për divanin e pulës, por hiqni majën e djathit dhe paprikës. Në vend të kësaj, spërkateni me 1 qese të vogël patate të skuqura (patate të skuqura), të prera në mënyrë të trashë.

pule mbreti

Shërben 4 racione

Një tjetër import nga SHBA dhe një mënyrë inovative e përdorimit të pulës së mbetur.

40 g / 1½ oz / 3 lugë gjelle gjalpë ose margarinë
40 g / 1½ oz / 1½ lugë gjelle miell i thjeshtë (për të gjitha qëllimet)
300 ml / ½ pt / 1¼ filxhan lëng pule të nxehtë
60 ml / 4 lugë krem i dyfishtë (i rëndë)
1 spec i kuq i kuq i konservuar, i prerë në rripa të ngushtë
200 g/7 oz/bit 1 filxhan kërpudha turshi të prera në feta, të kulluara
Kripë dhe piper i zi i sapo bluar
350 g / 12 oz / 2 filxhanë pule të gatuar, të prerë në kubikë
15 ml / 1 lugë sheri gjysmë të thatë
Tost i sapo bere, per ta servirur

Vendosni gjalpin ose margarinën në një enë me tavë 1,5 litër/2½ pt/6 filxhan (furrë holandeze). Ngroheni, pa mbuluar, në shkrirje për 1 minutë. Shtojmë miellin dhe përziejmë pak nga pak lëngun dhe kremin. Gatuani, pa mbuluar, në Plotë për 5-6 minuta derisa të fryjë dhe të trashet, duke e përzier çdo minutë. Kombinoni të gjithë përbërësit e mbetur dhe përzieni mirë. Mbulojeni me një pjatë dhe ringrojeni në Full për 3 minuta. Lëreni të pushojë për 3 minuta përpara se ta servirni në bukë të thekur.

Türkiye à la King

Shërben 4 racione

Përgatiteni si për Chicken à la King (sipër), por zëvendësoni gjelin e zier me pulën.

Pulë mbreti me djathë

Shërben 4 racione

Përgatiteni si për Chicken à la King (sipër), por pasi të ngroheni për 3 minuta, sipër shtoni 125 g/4 oz/1 filxhan djathë Red Leicester të grirë. Ngroheni, pa mbuluar, në Plotë për 1-1½ minuta të tjera derisa djathi të shkrihet.

Byrek me pule à la King

Shërben 4 racione

Përgatiteni si për Chicken à la King. Përpara se t'i shërbeni, hapni 4 biskota (biskota) të mëdha të thjeshta ose djathi dhe vendosni bazat në katër pjata të ngrohura. Hidhni sipër përzierjen e pulës dhe mbulojeni me kapak. Hani të nxehtë.

Slimmers Chicken Liver Roast

Shërben 4 racione

Një pjatë kryesore me pak yndyrë dhe me pak niseshte që mund të hahet me brokoli ose lulelakër në vend të patateve.

15 ml / 1 lugë gjelle vaj ulliri ose vaj luledielli
1 spec të kuq zile, të prerë me fara dhe të prera hollë
1 karotë e madhe, e prerë në feta hollë
1 qepë e madhe, e prerë hollë
2 bishta të mëdha selinoje, të prera diagonalisht në feta të holla
450 g/1 lb mëlçi pule, e prerë në copa të vogla
10 ml / 2 lugë lugë miell misri (niseshte misri)
4 domate të mëdha, të zbardhura, të grira dhe të grira trashë
Kripë dhe piper i zi i sapo bluar

Vendoseni vajin në një tavë 1,75 litra / 3 pt / 7½ filxhan (furrë holandeze). I përziejmë perimet e përgatitura dhe i kaurdisim të pambuluara për 5 minuta duke i përzier dy herë. Përzieni mëlçinë në perime dhe gatuajeni, pa mbuluar, në Plotë për 3 minuta, duke i përzier një herë. Shtoni miell misri, domate dhe erëza sipas shijes. Mbulojeni me mbështjellës plastik (mbështjellës plastik) dhe priteni dy herë për të lejuar që avulli të dalë. Gatuani në gjendje të plotë për 6 minuta, duke e kthyer një herë.

Mëlçia e pjekur e gjelit të hollë

Shërben 4 racione

Përgatiteni si në Slimmers' Chicken Liver Braise, por zëvendësoni mëlçitë e pulës me mëlçitë e gjelit të detit.

tetrazzini pule

Shërben 4 racione

175 g / 6 oz / 1½ filxhan petë të shkurtra

300 ml / 10 ml oz / 1 kanaçe krem i kondensuar me supë pule ose kërpudha

150 ml/¼ pt/2/3 filxhan qumësht

225 g / 8 oz kërpudha, të prera në feta

350 g / 12 oz / 2 filxhanë pule të gatuar të ftohtë, të prerë në kubikë

15 ml / 1 lugë gjelle lëng limoni

50 g/2 oz/¾ filxhan bajame të grira (të grira)

1,5 ml/¼ lugë arrëmyshk i bluar

75 g / 3 oz / ¾ filxhan djathë çedër, i grirë imët

Gatuani makaronat sipas udhëzimeve në paketë. Kullojeni. Hidheni supën në një enë të lyer me gjalpë 1,75 litra / 3 pt / 7½ filxhan. Rrihni në qumësht. Ngroheni, pa mbuluar, në Plotë për 5-6 minuta derisa të nxehet dhe të fryjë lehtë. Përzieni makaronat dhe të gjithë përbërësit e mbetur përveç djathit. Mbulojeni me mbështjellës plastik (mbështjellës plastik) dhe priteni dy herë për të lejuar që avulli të dalë. Gatuani në të Plotë për 12 minuta, duke e kthyer pjatën tri herë. Hapeni dhe spërkatni me djathë. Kafe në mënyrë konvencionale nën një skarë të nxehtë (broiler).

Tavë me shtresa pule dhe perime të përziera

Shërben 4 racione

4 patate të mëdha të ziera, të prera hollë
3 karota të gatuara në feta hollë
125 g / 4 oz / 1 filxhan bizele të gatuara
125 g / 4 oz / 1 filxhan misër të ëmbël të gatuar
4 porcione pule, 225 g / 8 oz secila, pa lëkurë
300 ml / 10 ml oz / 1 kanaçe krem i kondensuar me supë me selino, ose aromë tjetër për shije
45 ml / 3 lugë sheri gjysmë të thatë
30 ml / 2 lugë krem të thjeshtë (i lehtë)
1,5 ml/¼ lugë arrëmyshk i grirë
75 g / 3 oz / 1¼ filxhan thekon misri, të grimcuar trashë

Mbuloni pjesën e poshtme të një pjate të thellë të lyer me gjalpë me diametër 25 cm/10 me fetat e patateve dhe karotave. I spërkasim me bizele dhe misër dhe sipër i hedhim pulën. Mbulojeni me mbështjellës plastik (mbështjellës plastik) dhe priteni dy herë për të lejuar që avulli të dalë. Gatuani në të Plotë për 8 minuta, duke e kthyer enën katër herë. Rrihni supën me të gjithë përbërësit e mbetur përveç corn flakes. Lugë mbi pulë. Mbulojeni si më parë dhe gatuajeni në Fryrë për 11 minuta, duke e kthyer enën dy herë. Lëreni të pushojë për 5 minuta. Hapeni dhe spërkatni me corn flakes përpara se ta shërbeni.

Pulë me mjaltë mbi oriz

Shërben 4 racione

25 g / 1 oz / 2 lugë gjelle gjalpë ose margarinë
1 qepë e madhe, e grirë
6 feta proshutë në rripa (të prera), të prera
75 g / 3 oz / 1/3 filxhan oriz me kokrra të gjata që gatuhet lehtë
300 ml / ½ pt / 1¼ filxhan lëng pule të nxehtë
Piper i zi i sapo bluar
4 gjoks pule pa kocka, 175 g / 6 oz secili
Lëkura e grirë dhe lëngu i 1 portokalli
30 ml / 2 lugë mjaltë të errët të lehtë
5 ml/1 lugë paprika
5 ml/1 lugë salcë Worcestershire

Vendosni gjalpin ose margarinën në një enë të thellë me diametër 20 cm/8. Ngroheni, pa mbuluar, në Plotë për 1 minutë. Shtoni qepën, proshutën, orizin, lëngun dhe piperin sipas shijes. Sipër e rregulloni pulën në një unazë. Rrihni së bashku lëvozhgën dhe lëngun e portokallit, mjaltin, paprikën dhe salcën Worcestershire. Hidhni gjysmë lugë sipër pulës. Mbulojeni me mbështjellës plastik (mbështjellës plastik) dhe priteni dy herë për të lejuar që avulli të dalë. Gatuani në të Plotë për 9 minuta, duke e kthyer pjatën tri herë. Zbuloni. Spërkateni pulën me përzierjen e mbetur të mjaltit. Gatuani, pa mbuluar, në gjendje të plotë për 5 minuta. Lëreni të pushojë 3 minuta para se ta servirni.

Pulë në salcë limoni me rum të bardhë

Shërben 4 racione

25 g / 1 oz / 2 lugë gjelle gjalpë ose margarinë

10 ml / 2 lugë vaj misri ose luledielli

1 presh i prere shume holle

1 thelpi hudhër, e shtypur

75 g / 3 oz / ¾ filxhan proshutë pa dhjamë, të copëtuar

675 g / 1½ lb gjoks pule pa kocka, i prerë në copa të vogla

3 domate, të zbardhura, të grira dhe të grira trashë

30 ml / 2 lugë rum të bardhë

5 cm / 2 në rripa lëvozhgë limoni

Lëng i 1 portokallit të ëmbël

kripë

150 ml/¼ pt/2/3 filxhan kos të thjeshtë

lakërishtë (opsionale)

Vendosni gjalpin ose margarinën dhe vajin në një tavë me diametër 23 cm (furrë holandeze). Ngroheni, pa mbuluar, në Plotë për 1 minutë. Shtoni preshin, hudhrën dhe proshutën. Gatuani, pa mbuluar, në Plotë për 4 minuta, duke e përzier dy herë. Përzieni pulën. Mbulojeni me një pjatë dhe gatuajeni në Fletë për 7 minuta, duke e kthyer pjatën dy herë. Shtoni të gjithë përbërësit e mbetur përveç kosit dhe lakërishtes, nëse përdorni. Mbulojeni me mbështjellës plastik (mbështjellës plastik) dhe priteni dy herë për të lejuar që avulli të dalë. Gatuani në të Plotë për 8 minuta, duke e kthyer enën katër herë. Zbuloni. Bashkoni kosin me pak nga lëngu i gjellës derisa të bëhet i butë dhe kremoz, më pas hidheni sipër pulës. Ngroheni, pa mbuluar, në Plotë për 1 ½ minutë. Hidhni lëkurën e limonit. Shërbejeni të zbukuruar me lakërishtë, nëse dëshironi.

Pulë në salcë raki me portokall

Shërben 4 racione

Përgatiteni si për mishin e pulës në salcën e limonit me rum të bardhë, por zëvendësoni rumin për rakinë dhe limonin për lëkurën e portokallit. Përdorni 60 ml/4 lugë gjelle bile xhenxhefili në vend të lëngut të portokallit.

Coxinhas me salcë Barbecue me Makarona Baby

Shërben 4 racione

900 g / 2 lb kope pule

2 qepë, të grira

2 bishta selino, të grira

30 ml / 2 lugë mustardë integrale

2,5 ml/½ lugë paprika

5 ml/1 lugë salcë Worcestershire

400 g / 14 oz / 1 kuti e madhe domate të prera në kubikë në lëng domate

125 g / 4 oz / 1 filxhan makarona të vogla

7,5 ml / 1½ lugë kripë

Vendosni kofshët, si thumba në një rrotë, në një enë të thellë me diametër 25 cm/10, skajet e kockave drejt qendrës. Mbulojeni me mbështjellës plastik (mbështjellës plastik) dhe priteni dy herë për të lejuar që avulli të dalë. Gatuani në të Plotë për 8 minuta, duke e kthyer enën tre herë. Ndërkohë vendosim perimet në një enë dhe përziejmë përbërësit e mbetur. Hiqeni enën e pulës nga mikrovala, zbuloni dhe derdhni lëngjet e gatimit të pulës në përzierjen e perimeve. Përziejini mirë. Hidhni një lugë sipër shkopinjve. Mbulojeni si më parë dhe gatuajeni në Fryrë për 15 minuta, duke e kthyer enën tre herë. Lëreni të pushojë 5 minuta para se ta servirni.

Pulë me salcë meksikane

Shërben 4 racione

4 gjoks pule pa kocka, 175 g / 6 oz secili, pa lëkurë
30 ml/2 lugë vaj misri
1 qepë e madhe, e grirë hollë
1 spec jeshil zile, i prerë dhe i grirë
1 thelpi hudhër, e shtypur
30 ml / 2 lugë gjelle miell i thjeshtë (për të gjitha qëllimet)
3 karafil të tërë
1 gjethe dafine
2.5 ml/½ lugë e vogël kanelle pluhur
5 ml/1 lugë kripë
150 ml/¼ pt/2/3 filxhan lëng domate
50 g / 2 oz / ½ filxhan çokollatë e thjeshtë (gjysmë e ëmbël), e copëtuar në copa
175 g / 6 oz / ¾ filxhan oriz me kokërr të gjatë, i gatuar
15 ml / 1 lugë gjelle gjalpë hudhre

Vendoseni pulën rreth buzës së një ene të thellë me diametër 20 cm/8. Mbulojeni me mbështjellës plastik (mbështjellës plastik) dhe priteni dy herë për të lejuar që avulli të dalë. Gatuani në të plotë për 6 minuta.

Lëreni të pushojë derisa të përgatisni salcën. Në një enë të veçantë, ngrohni vajin e pambuluar në Plotë për 1 minutë. Shtoni qepën, piperin jeshil dhe hudhrën. Gatuani, pa mbuluar, në Plotë për 3 minuta, duke e përzier dy herë. Shtoni miellin, më pas karafilin, gjethen e dafinës, kanellën, kripën dhe lëngun e domates. Gatuani, pa mbuluar, në Plotë për 4 minuta, duke e përzier çdo minutë. Hiqeni nga mikrovala. Shtoni çokollatën dhe përzieni mirë. Gatuani, pa mbuluar, në gjendje të plotë për 30 sekonda. Zbuloni pulën dhe mbulojeni me salcën e nxehtë. Mbulojeni si më parë dhe gatuajeni në të plotë për 8 minuta. Lëreni të pushojë për 5 minuta. Shërbejeni me oriz,

Krahët e pulës në salcë BBQ me petë për fëmijë

Shërben 4 racione

Përgatitni si Coxinhas me salcë Barbecue me Baby Makarona, por zëvendësoni krahët e pulës me coxinhas.

jambalaya pule

Shërben 3-4

Hotfoot nga Luiziana kjo është një pjatë mbresëlënëse me oriz dhe pulë, një e afërm e paella-s.

2 gjoks pule pa kocka
50 g / 2 oz / ¼ filxhan gjalpë ose margarinë
2 qepë të mëdha, të grira
1 spec të kuq zile, të prerë dhe të grirë
4 bishta selino, të grira
2 thelpinj hudhre, te shtypura
225 g / 8 oz / 1 filxhan oriz me kokrra të gjata që gatuhet lehtë
400 g / 14 oz / 1 kuti e madhe domate të prera në kubikë në lëng domate
10–15 ml/2–3 lugë kripë

Vendoseni pulën rreth buzës së një pjate të thellë 25cm/10cm. Mbulojeni me mbështjellës plastik (mbështjellës plastik) dhe priteni dy herë për të lejuar që avulli të dalë. Gatuani në gjendje të plotë për 7 minuta. Lëreni të pushojë për 2 minuta. Transferoni pulën në një dërrasë prerëse dhe priteni në kubikë. Hidhni lëngjet e gatimit të pulës në një tenxhere dhe lërini mënjanë. Lani dhe thajeni enën, shtoni gjalpin dhe shkrini pa mbuluar, në të plotë për 1 ½ minuta. Shtoni lëngun e rezervuar, pulën, perimet e përgatitura, hudhrën, orizin dhe domatet. Spërkatini sipas shijes me kripë. Mbulojeni si më parë dhe ziejini plotësisht për 20-25 minuta derisa kokrrat e orizit të thahen dhe të kenë thithur të gjithë lagështinë. Lëreni të qëndrojë për 5 minuta, skuqeni me pirun dhe shërbejeni menjëherë.

Türkiye Jambalaya

Shërben 3-4

Përgatiteni si në Chicken Jambalaya, por zëvendësoni pulën me gjoksin e gjelit të detit.

pulë me gështenja

Shërben 4 racione

25 g / 1 oz / 2 lugë gjelle gjalpë ose margarinë
2 qepë të mëdha, të qëruara dhe të grira
430 g / 15 oz / 1 kanaçe e madhe pure e gështenjës pa sheqer
2.5 ml/½ lugë kripë
4 gjoks pule pa lëkurë, pa kocka, 175 g / 6 oz secili
3 domate, të zbardhura, të grira dhe të prera në feta
30 ml/2 lugë majdanoz i grirë
Lakra e kuqe dhe patate të ziera, për servirje

Vendosni gjalpin ose margarinën në një enë të thellë me diametër 20 cm/8. Shkrini, pa mbuluar, në shkrirje për 1 ½ minutë. Përzieni qepët. Gatuani, pa mbuluar, në gjendje të plotë për 4 minuta. Shtoni purenë e gështenjës dhe kripën dhe përzieni butësisht duke i përzier mirë me qepët. Përhapeni në një shtresë të barabartë mbi bazën e enës dhe renditni gjokset e pulës sipër rreth buzës së enës. Hidhni sipër fetat e domates dhe spërkatni me majdanoz. Mbulojeni me mbështjellës plastik (mbështjellës plastik) dhe priteni dy herë për të lejuar që avulli të dalë. Gatuani në të Plotë për 15 minuta, duke e kthyer enën tre herë. Lëreni të pushojë për 4 minuta. Shërbejeni me lakër të kuqe dhe patate.

gumbo pule

Shërben 6 racione

Një kryqëzim midis një supe dhe një zierjeje, Gumbo është rehati jugore dhe një nga eksportet më të mira të Luizianës. Baza e saj është bamja (gishtat e gruas) dhe një roux kafe, me shtimin e perimeve, erëzave, lëngut dhe mishit të pulës.

50 g / 2 oz / ¼ filxhan gjalpë
50 g / 2 oz / ½ filxhan miell i thjeshtë (për të gjitha qëllimet)
900 ml / 1½ pikë / 3¾ filxhanë lëng pule të nxehtë
350 g / 12 oz bamje (gishtat e grave), të mbuluara dhe me bisht
2 qepë të mëdha, të grira hollë
2 thelpinj hudhre, te shtypura
2 bishta të mëdha selino, të prera hollë
1 spec jeshil zile, i prerë dhe i grirë
15–20 ml/3–4 lugë kripë
10 ml / 2 lugë gjelle koriandër të bluar (cilantro)
5 ml/1 lugë çaji shafran
5–10 ml / 1–2 lugë gjelle erëza të grirë
30 ml / 2 lugë gjelle lëng limoni
2 gjethe dafine
5–10 ml/1–2 lugë salcë djegës

450 g / 1 lb / 4 filxhanë pule të gatuar, të copëtuar
175 g / 6 oz / ¾ filxhan oriz me kokërr të gjatë, i gatuar

Vendosni gjalpin në një enë me tavë 2,5 litra/4½ pt/11 filxhan (furrë holandeze). Ngroheni, pa mbuluar, në Plotë për 2 minuta. Përzieni miellin. Gatuani, pa mbuluar, në Plotë për 7 minuta, duke e përzier çdo minutë, derisa përzierja të marrë një ngjyrë kafe të çelur, në ngjyrën e një biskoteje të pjekur mirë. Përziejeni gradualisht lëngun e nxehtë. Pritini çdo bamje në tetë pjesë dhe shtoni në tavë me të gjithë përbërësit e mbetur përveç pulës dhe orizit. Mbulojeni me mbështjellës plastik (mbështjellës plastik) dhe priteni dy herë për të lejuar që avulli të dalë. Gatuani në të plotë për 15 minuta. Përzieni pulën. Mbulojeni si më parë dhe gatuajeni në Plotë për 15 minuta. Lëreni të pushojë për 5 minuta. Përziejini dhe hidheni në tas supë. Shtoni një grumbull orizi në secilën prej tyre.

gombo gjeldeti

Shërben 6 racione

Përgatiteni si për Chicken Gumbo, por zëvendësoni gjelin e zier me pulën.

Gjoksi pule me salcë portokalli kafe

Shërben 4 racione

60 ml/4 lugë gjelle marmelatë portokalli (konserva) ose marmelatë e imët
15 ml / 1 lugë gjelle uthull malti
15 ml / 1 lugë gjelle salcë soje
1 thelpi hudhër, e shtypur
2.5 ml/½ lugë xhenxhefil pluhur
7,5 ml / 1½ lugë miell misri (miseshte misri)
4 gjoks pule pa kocka, 200 g/7 oz secili, pa lëkurë
Petë kineze, të gatuara

Kombinoni të gjithë përbërësit përveç pulës dhe makaronave në një pjatë të vogël. Nxehtësia, e pambuluar, në Plotë për 50 sekonda. Rregulloni gjokset e pulës rreth buzës së një ene të thellë me diametër 20 cm/8. Lugë mbi gjysmën e shkopit. Mbulojeni me një pjatë dhe gatuajeni në Fletë për 8 minuta, duke e kthyer pjatën dy herë. Kthejeni gjoksin dhe lyeni me pjesën tjetër të salcës. Mbulojeni si më parë dhe gatuajeni për 8 minuta të tjera. Lëreni të pushojë për 4 minuta dhe shërbejeni me petë kineze.

Pulë në salcë piper kremoze

Shërben 6 racione

25 g / 1 oz / 2 lugë gjelle gjalpë ose margarinë
1 qepë e vogël, e grirë hollë
4 gjoks pule pa kocka
15 ml / 1 lugë gjelle miell misri (niseshte misri)
30 ml/2 lugë gjelle ujë të ftohtë
15 ml / 1 lugë pure domate (pastë)
20–30 ml/4–6 lugë piper jeshil Madagaskari i ambalazhuar ose i konservuar
150 ml / ¼ pt / 2/3 filxhan salcë kosi
5 ml/1 lugë kripë
275 g / 10 oz / 1 ¼ filxhan oriz me kokërr të gjatë, i gatuar

Vendosni gjalpin ose margarinën në një enë të thellë me diametër 20 cm/8. Shkrini, pa mbuluar, në Plotë për 45–60 sekonda. Shtoni qepën. Gatuani, pa mbuluar, në gjendje të plotë për 2 minuta. Pritini gjokset e pulës përgjatë kokrrës në shirita 1 inç/1 cm të gjerë. Përziejini mirë me gjalpin dhe qepën. Mbulojeni me mbështjellës plastik (mbështjellës plastik) dhe priteni dy herë për të lejuar që avulli të dalë. Gatuani në të Plotë për 6 minuta, duke e kthyer enën tre herë. Ndërkohë përziejmë miellin e misrit butësisht me ujin e ftohtë. Përziejini të gjithë përbërësit e mbetur përveç orizit. Përziejini me pulën dhe qepën, duke e zhvendosur masën në skajet e enës dhe duke lënë një vrimë të vogël në qendër. Mbulojeni si më parë dhe gatuajeni në Fryrë për 8 minuta, duke e kthyer enën katër herë. Lëreni të pushojë për 4 minuta. Përziejini përpara se ta shërbeni me orizin.

Gjeli i detit në salcë kremoze djegës

Shërben 6 racione

Përgatiteni si për mishin e pulës në salcën e specit kremoz, por zëvendësoni pulën me gjoksin e gjelit të detit.

Pulë pylli

Shërben 4 racione

4 çerek pule pa lëkurë, 225 g/8 oz secila
30 ml / 2 lugë vaj misri ose luledielli
175 g / 6 oz feta proshutë (të prera), të copëtuara
1 qepë e grirë
175 g / 6 oz kërpudha butona, të prera në feta
300 ml/½ pt/1¼ filxhan domate të situr (passata)
15 ml / 1 lugë gjelle uthull kafe
15 ml / 1 lugë gjelle lëng limoni
30 ml / 2 lugë gjelle sheqer kafe të lehtë
5ml/1 lugë mustardë e përgatitur
30 ml/2 lugë gjelle salcë Worcestershire
Gjethet e koriandrit të grira (cilantro), për zbukurim

Vendoseni pulën rreth buzës së një tavë me diametër 25 cm/10 (furrë holandeze). Mbulojeni me mbështjellës plastik (mbështjellës plastik) dhe priteni dy herë për të lejuar që avulli të dalë. Hidhni vajin në një enë të veçantë dhe ngroheni të pambuluar në Plotë për 1 minutë. Shtoni proshutën, qepën dhe kërpudhat. Gatuani, pa mbuluar, në gjendje të plotë për 5 minuta. Përziejini të gjithë përbërësit e mbetur. E gatuajmë pulën të mbuluar në Full për 9 minuta, duke e kthyer enën dy herë. Zbulojeni dhe sipër me përzierjen e perimeve. Mbulojeni si më parë dhe gatuajeni në Fryrë për 10 minuta, duke e kthyer enën tre herë. Lëreni të pushojë për 5 minuta. Spërkateni me cilantro përpara se ta shërbeni.

Pulë me mollë dhe rrush të thatë

Shërben 4 racione

25 g / 1 oz / 2 lugë gjelle gjalpë ose margarinë
900 g / 2 paund gishta pule
2 qepë, të grira
3 mollë Cox, të qëruara dhe të prera
30 ml / 2 lugë gjelle rrush të thatë
1 thelpi hudhër, e grirë
30 ml / 2 lugë gjelle miell i thjeshtë (për të gjitha qëllimet)
250 ml / 8 ml oz / 1 filxhan shandi
2 kubikë bulione viçi
2.5 ml/½ lugë e vogël trumzë e thatë
Kripë dhe piper i zi i sapo bluar
30 ml/2 lugë majdanoz i grirë

Vendosni gjalpin ose margarinën në një tavë me diametër 25 cm/10 (furrë holandeze). Shkrini, pa mbuluar, në shkrirje për 1–1½ minuta. Shtoni pulën. Mbulojeni me mbështjellës plastik (mbështjellës plastik) dhe priteni dy herë për të lejuar që avulli të dalë. Gatuani në gjendje të plotë për 8 minuta. Zbuloni dhe kthejeni pulën. Mbulojeni si më parë dhe gatuajeni plotësisht për 7 minuta të tjera. Zbuloni dhe spërkatni me qepë, mollë, rrush të thatë dhe hudhër. Përziejmë miellin butësisht me pak shandi, më pas përziejmë në shandit e mbetur. Thërrmoni kubikët e salcës, shtoni trumzën dhe rregulloni sipas shijes. Hidhni sipër pulës. Mbulojeni si më parë dhe ziejini plotësisht për 8 minuta derisa lëngu të fryjë dhe të trashet pak. Lëreni të pushojë për 5 minuta. Hapeni dhe spërkatni me majdanoz.

Pulë me dardhë dhe rrush të thatë

Shërben 4 racione

Përgatiteni si për mishin e pulës me mollë dhe rrush të thatë, por zëvendësoni mollët me dardhën dhe shandy për mushtin.

pulë me grejpfrut

Shërben 4 racione

2 kërcell selino
30 ml / 2 lugë gjalpë ose margarinë
1 qepë e madhe, e grirë hollë
4 copa të mëdha pule, 1 kg / 2¼ £ në total, pa lëkurë
Miell i thjeshtë (për të gjitha qëllimet)
1 grejpfrut i madh rozë
150 ml/¼ pt/2/3 filxhan verë të bardhë ose roze
30 ml / 2 lugë pure domate (pastë)
1.5 ml/¼ luge rozmarinë e tharë
5 ml/1 lugë kripë

Pritini selinon nëpër kokërr në shirita të ngushtë. Vendosni gjalpin ose margarinën në një enë të thellë me diametër 25 cm/10. Shkrihet, i pambuluar, në Plotë për 30 sekonda. Përzieni qepën dhe selinon. Gatuani, pa mbuluar, në gjendje të plotë për 6 minuta. E pudrosni lehtë pulën me miell, më pas e rregulloni buzë pjatës. Mbulojeni me mbështjellës plastik (mbështjellës plastik) dhe priteni dy herë për të lejuar që avulli të dalë. Gatuani në të Plotë për 10 minuta, duke e kthyer enën tre herë. Ndërkohë qërojmë grejpfrutin dhe ndajmë në segmente duke e prerë mes membranave. Zbuloni pulën dhe shpërndani segmentet e grejpfrutit. Rrahim verën me purenë e domates, rozmarinën dhe kripën dhe e hedhim sipër pulës. Mbulojeni si më parë dhe gatuajeni në të plotë për 10 minuta. Lëreni të pushojë 5 minuta para se ta servirni.

Pulë hungareze dhe perime të përziera

Shërben 4 racione

25 g / 1 oz / 2 lugë gjelle gjalpë ose sallo
2 qepë të mëdha, të grira
1 piper i vogël jeshil (zile)
3 kunguj të njomë (kunguj të njomë), të prera hollë
450 g/1 lb gjoks pule pa kocka, i prerë në kubikë
15 ml/1 lugë paprika
45 ml/3 lugë pure domate (pastë)
150 ml / ¼ pt / 2/3 filxhan salcë kosi
5–7,5 ml / 1–1 ½ lugë kripë

Vendosni gjalpin ose sallonë në një tavë me diametër 25 cm/10 (furrë holandeze). Ngroheni, pa mbuluar, në shkrirje për 1–1½ minuta. Përzieni qepët. Gatuani, pa mbuluar, në gjendje të plotë për 3 minuta. Shtoni specat jeshil, kungull i njomë, pulën, paprikën dhe purenë e domates. Mbulojeni me mbështjellës plastik (mbështjellës plastik) dhe priteni dy herë për të lejuar që avulli të dalë. Gatuani në të Plotë për 5 minuta, duke e kthyer enën tre herë. Zbuloni. Punoni gradualisht në salcë kosi dhe kripë. Mbulojeni si më parë dhe gatuajeni në të plotë për

8 minuta. Lëreni të pushojë për 5 minuta, më pas përzieni dhe shërbejeni.

Pulë Bourguignonne

Shërben 6 racione

Një pjatë kryesore gustator, e bërë më tradicionalisht me mish viçi, por më e lehtë me mish pule.

25 g / 1 oz / 2 lugë gjelle gjalpë ose margarinë

2 qepë, të grira

1 thelpi hudhër, e shtypur

750 g / 1½ lb gjoks pule, të prerë në kubikë

30 ml / 2 lugë gjelle miell misri (niseshte misri)

5 ml/1 lugë mustardë kontinentale

2.5 ml/½ lugë e vogël barishte të thata të përziera

300 ml / ½ pt / 1¼ filxhan verë burgundy

225 g / 8 oz kërpudha, të prera hollë

5–7,5 ml / 1–1 ½ lugë kripë

45 ml / 3 lugë majdanoz të grirë

Vendosni gjalpin ose margarinën në një tavë me diametër 25 cm/10 (furrë holandeze). Shkrini, pa mbuluar, në shkrirje për 1 ½ minutë. Shtoni qepën dhe hudhrën. Mbulojeni me një pjatë dhe gatuajeni në Plotë për 3 minuta. Zbuloni dhe hidhni pulën. Mbulojeni me mbështjellës plastik (mbështjellës plastik) dhe priteni dy herë për të lejuar që avulli të dalë. Gatuani në gjendje të plotë për 8 minuta. Përziejini butësisht miellin e misrit dhe mustardën me pak ngjyrë burgundy, më pas përzieni pjesën tjetër. Hidhni sipër pulës. Spërkateni me kërpudha dhe kripë. Mbulojeni si më parë dhe gatuajeni në Full për 8-9 minuta, duke e kthyer enën katër herë, derisa salca të trashet dhe të fillojë të flluskojë. Lëreni të qëndrojë për 5 minuta, më pas përzieni dhe spërkatni me majdanoz përpara se ta shërbeni.

Pulë Fricasee

Shërben 6 racione

Një ringjallje e një pjate kryesore të pulës për raste të veçanta nga vitet 1920 dhe 1930, e ngrënë gjithmonë me oriz të bardhë me gëzof të lyer me gjalpë dhe role proshutë të pjekur në skarë (të pjekur në skarë). Duhet një mikrovalë e madhe.

1,5 kg/3 lb pule, pa lëkurë

1 qepë e prerë në 8 feta

2 bishta të mëdha selino, të prera në feta trashë

1 karotë e vogël, e prerë në feta hollë

2 feta të trasha limoni

1 gjethe e vogël dafine

2 karafil të tërë

degëzat e majdanozit

10 ml / 2 lugë çaji kripë

300 ml / ½ pt / 1 ¼ filxhan ujë të nxehtë

150 ml/¼ pt/2/3 filxhani krem i lehtë

40 g / 1 ½ oz / 3 lugë gjelle gjalpë ose margarinë

40 g / 1½ oz / 1½ lugë gjelle miell i thjeshtë (për të gjitha qëllimet)
Lëng nga 1 limon të vogël
Kripë dhe piper i zi i sapo bluar

Rregulloni pulën në një tavë me diametër 12 inç (furrë holandeze). Shtoni qepën, selinon dhe karotën në pjatën me fetat e limonit, gjethen e dafinës, karafilin dhe 1 degë majdanoz. Spërkateni me kripë dhe shtoni ujë. Mbulojeni me mbështjellës plastik (mbështjellës plastik) dhe priteni dy herë për të lejuar që avulli të dalë. Gatuani në të Plotë për 24 minuta, duke e kthyer pjatën tri herë. Hiqni pulën. Hiqeni mishin nga kockat dhe priteni në copa të vogla. Kullojeni lëngun nga ena dhe rezervoni 300 ml/½ pt/1¼ filxhan. Përzieni kremin. Vendosni gjalpin në një enë të madhe dhe të cekët. Shkrihet, pa mbuluar, në Plotë për 1 ½ minutë. Hidhni miellin, më pas përzieni gradualisht përzierjen e lëngut të nxehtë dhe kremit. Gatuani, pa mbuluar, në Plotë për 5-6 minuta, duke e përzier çdo minutë, derisa të trashet dhe të fryjë. Shtoni lëng limoni, përzieni mishin e pulës dhe rregulloni sipas shijes. Mbulojeni si më parë dhe ringrojeni në Full për 5 minuta, duke e kthyer pjatën dy herë. Lëreni të pushojë për 4 minuta përpara se ta dekoroni me degë majdanozi dhe ta servirni.

Frikasee pule me verë

Shërben 6 racione

Përgatiteni si në Fricassée pule, por përdorni vetëm 150 ml/¼ pt/2/3 filxhan lëng mishi të rezervuar dhe shtoni 150 ml/¼ pt/2/3 filxhan verë të bardhë të thatë.

pule supreme

Shërben 6 racione

Përgatiteni si për Fricassee pule. Pasi të ringroheni për 5 minuta në fund dhe më pas t'i lini të qëndrojnë, rrihni 2 të verdhat e vezëve të përziera me një krem shtesë 15 ml/1 lugë gjelle. Nxehtësia nga përzierja do të gatuajë të verdhat.

Coq Au Vin

Shërben 6 racione

50 g / 2 oz / ¼ filxhan gjalpë ose margarinë
1,5 kg/3 lb pule, pa lëkurë
1 qepë e madhe, e grirë hollë
1 thelpi hudhër, e shtypur
30 ml / 2 lugë gjelle miell i thjeshtë (për të gjitha qëllimet)
300 ml / ½ pt / 1¼ filxhan verë të kuqe të thatë
1 kub bujoni viçi
5 ml/1 lugë kripë
12 qepë ose qepë turshi
60 ml/4 lugë majdanoz i grirë
1,5 ml/¼ lugë e vogël trumzë të thatë
Patate të ziera dhe lakrat e Brukselit, për t'u shërbyer

Vendosni gjalpin ose margarinën në një tavë me diametër 30 cm (furrë holandeze). Ngroheni, pa mbuluar, në Plotë për 1 minutë. Shtoni copat e pulës dhe i ktheni një herë në mënyrë që të gjitha copat të lyhen me gjalpë, por mbajeni në një shtresë të vetme. Mbulojeni me mbështjellës plastik (mbështjellës plastik) dhe priteni dy herë për të lejuar që avulli të dalë. Gatuani në të Plotë për 15 minuta, duke e kthyer enën tre herë. Zbuloni dhe spërkatni pulën me qepën dhe hudhrën. Përziejeni gradualisht miellin me verën, duke e trazuar nëse është e nevojshme për të hequr kokrrat. Thërrmoni kubin e builonit dhe shtoni kripën. Hidhni përzierjen e verës mbi pulën. Palosni qepët ose qepët dhe spërkatni me majdanoz dhe trumzë. Mbulojeni si më parë dhe gatuajeni në Fryrë për 20 minuta, duke e kthyer enën tre herë. Lëreni të pushojë për 6 minuta.

Coq au Vin me kërpudha

Shërben 6 racione

Përgatiteni si për Coq au Vin, por zëvendësoni 125 g kërpudha butona për qepët ose qepët turshi.

coque au cola

Shërben 6 racione

Përgatiteni si me Coq au Vin, por zëvendësoni verën me cola për ta bërë gjellën më miqësore për fëmijët.

Shkopinj daulle me Veshje Deviled

Shërben 4 racione

15 ml / 1 lugë gjelle mustardë angleze pluhur

10 ml / 2 lugë çaji pluhur kerri të nxehtë

10 ml / 2 lugë çaji paprika

1.5 ml/¼ lugë piper kajen

2.5 ml/½ lugë kripë

1 kg / 2¼ lb kope pule (rreth 12)

45 ml / 3 lugë gjelle gjalpë hudhre

Përzieni mustardën, pluhurin e kerit, paprikën, kajenën dhe kripën. Përdoreni për të veshur të gjitha anët e daulleve. Vendoseni në një enë të thellë me diametër 25 cm/10, si thumbat në një rrotë, me majat kockore drejt qendrës. Shkrihet gjalpi, i pambuluar, në Plotë për 1 minutë. Coxinhas i mbulojmë me gjalpin e shkrirë. Mbulojeni me mbështjellës plastik (mbështjellës plastik) dhe priteni dy herë për të lejuar që avulli të dalë. Gatuani në të Plotë për 16 minuta, duke e kthyer pjatën dy herë.

Kacciatore pule

Shërben 6 racione

Një pjatë italiane, që përkthehet në 'pulë gjahtari'.

1,5 kg / 3 lb copa pule
15 ml / 1 lugë gjelle vaj ulliri
1 qepë e madhe, e grirë hollë
1 thelpi hudhër, e shtypur
30 ml / 2 lugë gjelle miell i thjeshtë (për të gjitha qëllimet)
5 domate, të zbardhura, të grira dhe të grira
150 ml/¼ pt/2/3 filxhan supë të nxehtë
45 ml/3 lugë pure domate (pastë)
15 ml / 1 lugë gjelle salcë tavoline kafe
125 g / 4 oz kërpudha, të prera në feta
10 ml / 2 lugë çaji kripë
10 ml / 2 lugë sheqer të butë kafe të errët

45 ml / 3 lugë marsala ose sheri gjysmë të thatë
Patate kremoze dhe sallatë mikse, për t'u shërbyer

Vendoseni pulën në një tavë me diametër 30 cm/12 (furrë holandeze). Mbulojeni me mbështjellës plastik (mbështjellës plastik) dhe priteni dy herë për të lejuar që avulli të dalë. Gatuani në të Plotë për 15 minuta, duke e kthyer pjatën dy herë. Ndërkohë, bëni salcën në mënyrë konvencionale. Hidhni vaj ulliri në një tigan dhe shtoni qepën dhe hudhrën. Skuqini (skuqini) butësisht derisa të marrin një ngjyrë të lehtë të artë. Hidhni miellin, më pas shtoni domatet, lëngun, purenë dhe salcën kafe. Gatuani duke e trazuar derisa salca të vlojë dhe të trashet. Përziejini të gjithë përbërësit e mbetur dhe hidhini sipër pulës. Mbulojeni si më parë dhe gatuajeni në Fryrë për 20 minuta, duke e kthyer enën tre herë. Lëreni të pushojë për 5 minuta. Shërbejeni me patate me krem dhe një sallatë të përzier.

ndjekës i pulës

Shërben 6 racione

Përgatiteni si për Chicken Cacciatore, por zëvendësoni marsala ose sherry për verën e bardhë të thatë.

Pulë Marengo

Shërben 6 racione

E shpikur rreth vitit 1800 nga kuzhinieri personal i Napoleon Bonapartit në fushat e betejës pas disfatës austriake në Betejën e Marengo pranë Veronës në Italinë veriore.

Përgatiteni si për Chicken Cacciatore, por përdorni vetëm 50 g kërpudha dhe zëvendësoni marsala ose sherry për verën e bardhë të thatë. Kur të përzieni të gjithë përbërësit e mbetur, shtoni 12–16 ullinj të vegjël të zinj pa koriza (me kokrra) dhe 60 ml/4 lugë majdanoz të grirë.

pulë susam

Shërben 4 racione

50 g/2 oz/¼ filxhan gjalpë ose margarinë, të zbutur
15 ml / 1 lugë gjelle mustardë e butë
5 ml/1 lugë pure hudhre (pastë)
5 ml/1 lugë pure domate (pastë)
90 ml / 6 lugë fara susami, të thekura lehtë
4 porcione pule, secila 225 g / 8 oz, pa lëkurë

Rrihni gjalpin ose margarinën me mustardën dhe purenë e hudhrës dhe domateve. Përzieni farat e susamit. Përhapeni përzierjen në mënyrë të barabartë mbi pulën. Vendoseni në një enë të thellë me diametër 25 cm/10, duke lënë një zgavër në qendër. Gatuani në të Plotë për 16 minuta, duke e kthyer enën katër herë. Lëreni të pushojë 5 minuta para se ta servirni.

kapiten i vendit

Shërben 6 racione

Një kerri i butë pule nga India Lindore, i sjellë në shtetet jugore të Amerikës së Veriut shumë kohë më parë nga një kapiten deti i udhëtuar mirë. Është bërë një lloj gatishmërie lindore në SHBA.

50 g / 2 oz / ¼ filxhan gjalpë ose margarinë

2 qepë, të grira

1 kërcell selino, i grirë

1,5 kg/3 lb pule, pa lëkurë

15 ml / 1 lugë gjelle miell i thjeshtë (për të gjitha qëllimet)

15 ml/1 lugë gjelle pluhur i butë kerri

60 ml / 4 lugë bajame të zbardhura, të lëkura, të përgjysmuara dhe të thekura lehtë

1 spec jeshil i vogël, i prerë dhe i prerë

45 ml / 3 lugë sulltane (rrush të thatë)

10 ml / 2 lugë çaji kripë

400 g / 14 oz / 1 kuti e madhe domate të prera në kubikë

5 ml/1 lugë sheqer

275 g / 10 oz / 1¼ filxhan oriz me kokërr të gjatë, i gatuar

Vendosni gjalpin ose margarinën në një tavë me diametër 30 cm (furrë holandeze). Ngroheni, pa mbuluar, në gjendje të plotë për 1 ½ minutë. Shtoni qepën dhe selinon dhe përziejini mirë. Gatuani, pa mbuluar, në Plotë për 3 minuta, duke e përzier dy herë. Shtoni copat e pulës dhe përzieni me gjalpin dhe përzierjen e perimeve derisa të mbulohen mirë. Spërkateni me miellin, pluhurin e kerit, bajamet, piperin dhe sulltanet. Mbulojeni me mbështjellës plastik (mbështjellës plastik) dhe priteni dy herë për të lejuar që avulli të dalë. Gatuani në gjendje të plotë për 8 minuta. Përzieni kripën me domatet dhe sheqerin. Hapni pulën dhe vendosni sipër domatet. Mbulojeni si më parë dhe gatuajeni në Full për 21 minuta, duke e kthyer enën dy herë. Lëreni të pushojë për 5 minuta para se ta shërbeni me orizin.

Pulë me salcë domate dhe kaperi

Shërben 6 racione

6 gishta pule, 225 g/8 oz secila, pa lëkurë
Miell i thjeshtë (për të gjitha qëllimet)
50 g / 2 oz / ¼ filxhan gjalpë ose margarinë
3 rripa (feta) proshutë, të prera
2 qepë të mëdha, të grira
2 thelpinj hudhre, te shtypura
15 ml / 1 lugë gjelle kaperi, të copëtuar
400 g / 14 oz / 1 kuti e madhe domate të prera në kubikë
15 ml / 1 lugë gjelle sheqer të butë kafe të errët
5 ml/1 lugë çaji barishte të përziera të thata

15 ml / 1 lugë pure domate (pastë)
15 ml/1 lugë gjelle gjethe borziloku të copëtuara
15 ml/1 lugë majdanoz i grirë

I pudrosni copat e pulës me miell. Vendosni gjalpin ose margarinën në një tavë me diametër 30 cm (furrë holandeze). Ngroheni, pa mbuluar, në Plotë për 2 minuta. Shtoni proshutën, qepën, karafilin dhe kaperin. Gatuani, pa mbuluar, në Plotë për 4 minuta, duke e përzier dy herë. Shtoni mishin e pulës dhe përzieni derisa të lyhet mirë me përzierjen e gjalpit ose margarinës. Mbulojeni me mbështjellës plastik (mbështjellës plastik) dhe priteni dy herë për të lejuar që avulli të dalë. Gatuani në të Plotë për 12 minuta, duke e kthyer pjatën tri herë. Zbuloni dhe shtoni përbërësit e tjerë duke i përzier mirë. Mbulojeni si më parë dhe gatuajeni në të plotë për 18 minuta. Lëreni të pushojë për 6 minuta përpara se ta shërbeni.

paprika pule

Shërben 4 racione

E theksuar paprikash, kjo e shijshme e pulës është një e afërm e gulas ose goulash, një nga pjatat më të famshme të Hungarisë.

1,5 kg / 3 lb copa pule

1 qepë e madhe, e grirë

1 spec jeshil zile, i prerë dhe i grirë

1 thelpi hudhër, e shtypur

30 ml / 2 lugë vaj misri ose sallo i shkrirë

45 ml / 3 lugë gjelle miell i thjeshtë (për të gjitha qëllimet)

15 ml/1 lugë paprika

300 ml / ½ pt / 1 ¼ filxhan lëng pule të nxehtë
30 ml / 2 lugë pure domate (pastë)
5 ml / 1 lugë çaji sheqer të butë kafe të errët
2.5 ml/½ lugë e vogël fara qimnon
5 ml/1 lugë kripë
150 ml / 5 ml oz / 2/3 filxhan krem fraiche
Forma të vogla makaronash, të gatuara

Vendosni copat e pulës në një tavë me diametër 30 cm/12 (furrë holandeze). Mbulojeni me mbështjellës plastik (mbështjellës plastik) dhe priteni dy herë për të lejuar që avulli të dalë. Gatuani në të Plotë për 15 minuta, duke e kthyer pjatën dy herë. Ndërkohë, bëni salcën në mënyrë konvencionale. Hidhni qepën, piperin, hudhrën dhe vajin në një tigan (tivë) dhe skuqni (skuqni) butësisht derisa perimet të jenë të buta, por jo të skuqen. Përzieni miellin dhe paprikën, më pas përzieni gradualisht lëngun. Lëreni të ziejë, duke e trazuar. Përziejini përbërësit e mbetur përveç kremit dhe makaronave. Zbuloni pulën dhe mbulojeni me salcën, duke përfshirë disa nga lëngjet tashmë në pjatë. Sipër hidhni lugë krem fraîche. Mbulojeni si më parë dhe gatuajeni në Fryrë për 20 minuta, duke e kthyer enën tre herë. Shërbejeni me makarona të vogla.

Pulë në hijen e Lindjes

Shërben 6-8

Ndikimet dhe shijet indiane dhe indoneziane bashkohen në këtë recetë jashtëzakonisht madhështore të pulës.

15 ml / 1 lugë gjelle vaj kikiriku

3 qepë mesatare, të grira

2 thelpinj hudhre, te shtypura

900 gr / 2 lb gjoks pule pa kocka, i qeruar dhe i prere ne rripa te holle

15 ml / 1 lugë gjelle miell misri (niseshte misri)

60 ml / 4 lugë gjelle gjalpë kikiriku krokant

150 ml/¼ pt/2/3 filxhan ujë

7,5 ml / 1½ lugë kripë

10 ml/2 lugë pastë e butë kerri

2.5 ml/½ lugë e vogël koriandër të bluar (cilantro)
2.5 ml/½ lugë xhenxhefil pluhur
Fara nga 5 bishtaja kardamom
60 ml / 4 lugë gjelle kikirikë të kripur, të grirë trashë
2 domate, të prera në copa

Ngrohim vajin në një tavë me diametër 10 cm/10 (furrë holandeze), të pambuluar, në temperaturë të plotë për 1 minutë. Shtoni qepën dhe hudhrën dhe ziejini të pambuluara në zjarr të plotë për 3 minuta, duke i trazuar dy herë. Hidhni mishin e pulës dhe gatuajeni, pa mbuluar, në gjendje të plotë për 3 minuta, duke e trazuar me pirun çdo minutë që të shpërthejë. Spërkatni miell misri. Punoni me të gjithë përbërësit e mbetur përveç kikirikëve dhe domateve. Mbulojeni me mbështjellës plastik (mbështjellës plastik) dhe priteni dy herë për të lejuar që avulli të dalë. Gatuani në të Plotë për 19 minuta, duke e kthyer pjatën katër herë. Lëreni të pushojë për 5 minuta. Përziejini dhe zbukurojeni me kikirikë dhe feta domate përpara se ta shërbeni.

nasi goreng

Shërben 6 racione

Një specialitet holandez-indonezian.
175 g / 6 oz / ¾ filxhan oriz me kokrra të gjata që gatuhet lehtë
50 g / 2 oz / ¼ filxhan gjalpë ose margarinë
2 qepë, të grira
2 presh, vetem pjesa e bardhe, te prera shume holle
1 spec djegës jeshil, me fara dhe të prera (sipas dëshirës)
350 g / 12 oz / 3 filxhanë pule të gatuar të ftohtë, të grirë trashë
30 ml / 2 lugë salcë soje
1 Omëletë klasike, e prerë në rripa
1 domate e madhe, e prerë në feta

Gatuani orizin siç tregohet në paketim. Lëreni të ftohet. Vendosni gjalpin ose margarinën në një tavë me diametër 25 cm/10 (furrë holandeze). Ngroheni, pa mbuluar, në Plotë për 1 minutë. Përzieni qepën, preshin dhe piperin nëse përdorni. Gatuani, pa mbuluar, në gjendje të plotë për 4 minuta. Shtoni orizin, pulën dhe salcën e sojës. Mbulojeni me një pjatë dhe gatuajeni në Plotë për 6-7 minuta, duke e përzier tre herë, derisa të nxehet. Dekoroni me një model të kryqëzuar me shirita omëletë dhe feta domate.

gjeldeti i pjekur

PERSIONET 6

1 gjeldeti, madhësia sipas nevojës (lejo 350 g/12 oz) peshë të papërpunuar për person)
Mjaft

Mbuloni majat e krahëve dhe skajet e këmbëve me letër alumini. Vendoseni gjelin e detit, me anën e gjoksit poshtë, në një pjatë mjaft të madhe për të ulur rehatshëm zogun. Mos u shqetësoni nëse trupi ngrihet mbi parvaz. Mbulojeni me mbështjellës plastik (mbështjellës plastik) dhe shponi 4 herë. Gatuani në gjendje të plotë për 4 minuta për 450 g/1 lb. Hiqeni nga furra dhe kthejeni me kujdes zogun në mënyrë që gjoksi të jetë i kthyer lart. Lajeni me një furçë të trashë, duke përdorur një furçë me bazë yndyre nëse zogu është i thjeshtë dhe një pa yndyrë nëse gjeli i detit është i vetë-shpërthyer. Mbulojeni si më parë dhe gatuajeni në gjendje të plotë për 4 minuta të tjera për 450 g/1 lb. Transferoni në një pjatë dhe mbulojeni me letër alumini. Lëreni të qëndrojë për 15 minuta, më pas gdhendni.

turqisht spanjisht

Shërben 4 racione

30 ml/2 lugë gjelle vaj ulliri
4 copa gjoks gjeli pa kocka, 175 g / 6 oz secila
1 qepë e grirë
12 ullinj të mbushur të copëtuar
2 vezë të ziera të buta (të ziera) (faqe 98–99), të qëruara dhe të prera
30 ml / 2 lugë kastraveca të copëtuara (cornichons)
2 domate, te prera holle

Ngrohni vajin në një enë të thellë me diametër 20 cm/8, të pambuluar, në temperaturë të plotë për 1 minutë. Shtoni gjelin e detit dhe hidheni mirë në vaj për të lyer mirë të dyja anët. Përzieni qepën, ullinjtë, vezët dhe kastravecat dhe vendosini në mënyrë të barabartë mbi gjelin e detit. Dekoroni me feta domate. Mbulojeni me mbështjellës plastik (mbështjellës plastik) dhe priteni dy herë për të lejuar që avulli të dalë. Gatuani në të Plotë për 15 minuta, duke e kthyer enën pesë herë. Lëreni të pushojë 5 minuta para se ta servirni.

tacot e gjelit të detit

Shërben 4 racione

Për tacot:
450 g / 1 lb / 4 gota gjeldeti të copëtuar
1 qepë e vogël, e grirë
2 thelpinj hudhre, te shtypura
5 ml/1 lugë fara qimnoni, të bluara sipas dëshirës
2,5–5 ml/½–1 lugë çaji pluhur djegës
30 ml/2 lugë gjelle gjethe koriandër të copëtuara (cilantro)

5 ml/1 lugë kripë

60 ml / 4 lugë gjelle ujë

4 tortilla të mëdha të blera në dyqan

marule e grirë

Për garniturën me avokado:

1 avokado e madhe e pjekur

15–20 ml/3–4 lugë gjelle majdanoz të ngrohtë të blerë në dyqan

1 lëng limoni

kripë

60 ml / 4 lugë salcë kosi

Për të bërë tacos, mbuloni bazën e një pjate me diametër 8 inç me gjelin e detit. Mbulojeni me një pjatë dhe gatuajeni në Plotë për 6 minuta. Thyejmë kokrrat e mishit me një pirun. Përziejini të gjithë përbërësit e mbetur përveç tortilave dhe marules. Mbulojeni me mbështjellës plastik (mbështjellës plastik) dhe priteni dy herë për të lejuar që avulli të dalë. Gatuani në të Plotë për 8 minuta, duke e kthyer enën katër herë. Lëreni të pushojë për 4 minuta. Tundeni mirë. Mblidhni sasi të barabarta të përzierjes së gjelit të detit mbi tortillat, shtoni pak marule dhe rrotullojeni. Transferoni në një pjatë dhe mbajeni të ngrohtë.

Për të bërë salcën e avokados, prisni avokadon në gjysmë, hiqni mishin dhe grijeni mirë. Përzieni majdanozin, lëngun e limonit dhe kripën. Transferoni tacos në katër pjata të ngrohura, sipër secilës me përzierje avokado dhe 15 ml/1 lugë salcë kosi. Hani menjëherë.

taco petullash

Shërben 4 racione

Përgatiteni si për tacot e gjelit të detit, por zëvendësoni katër petulla të mëdha të bëra vetë me tortillat e blera në dyqan.

bukë gjeli

Shërben 4 racione

450 g/1 lb gjeldeti i papërpunuar i copëtuar (i bluar)
1 thelpi hudhër, e shtypur
30 ml / 2 lugë gjelle miell i thjeshtë (për të gjitha qëllimet)
2 vezë të mëdha, të rrahura
10 ml / 2 lugë çaji kripë
10 ml/2 lugë trumzë të thatë
5 ml/1 lugë salcë Worcestershire

20 ml/4 lugë arrëmyshk i bluar

Patate të mbushura

lulelakra e gatuar

Salcë djathi

Kombinoni gjelin e detit, hudhrën, miellin, vezët, kripën, trumzën, salcën Worcestershire dhe arrëmyshkun. Me duar të lagura formoni një petë 15 cm. Transferoni në një pjatë të thellë, mbulojeni me mbështjellës plastik (mbështjellës plastik) dhe prejeni dy herë që të largohet avulli. Gatuani në gjendje të plotë për 9 minuta. Lëreni të pushojë për 5 minuta. Pritini në katër pjesë dhe shërbejeni me patate në lëkurë dhe lulelakër, të lyera me salcë djathi dhe të skuqura në mënyrë konvencionale në skarë (broiler).

Curry Anglo-Madras Turqia

Shërben 4 racione

Një recetë e dobishme për të përdorur mbetjet e gjelit të Krishtlindjeve.

30 ml / 2 lugë vaj misri ose lulediellli

1 qepë e madhe, e prerë shumë hollë

1 thelpi hudhër, e shtypur

30 ml / 2 lugë gjelle rrush të thatë

30 ml / 2 lugë arrë kokosi të tharë (i grirë)
25 ml / 1 ½ lugë gjelle miell për të gjitha përdorimet (për të gjitha qëllimet)
20 ml/4 lugë gjelle pluhur karri të nxehtë
300 ml / ½ pt / 1¼ filxhan ujë të valë
30 ml / 2 lugë krem të thjeshtë (i lehtë)
2.5 ml/½ lugë kripë
Lëng nga ½ limoni
350 g / 12 oz / 3 gota gjeldeti i gatuar i ftohtë, i prerë në kubikë
Bukë indiane, sallatë e përzier dhe chutney, për t'u shërbyer

Vendoseni vajin në një enë rezistente ndaj furrës 1,5 litër/2½ pt/6 filxhan me qepën, hudhrën, rrushin e thatë dhe kokosin. Përziejini mirë. Gatuani, pa mbuluar, në gjendje të plotë për 3 minuta. Përziejmë miellin, kerri, ujin, kremin, kripën, lëngun e limonit dhe gjelin e detit. Mbulojeni me një pjatë dhe ziejini në Fletë për 6-7 minuta, duke e përzier dy herë, derisa kerri të trashet dhe të marrë flluska. Lëreni të pushojë për 3 minuta. Përziejini dhe shërbejeni me bukë indiane, sallatë dhe chutney.

kerri me fruta gjeldeti

Shërben 4 racione

30 ml / 2 lugë gjalpë ose margarinë
10 ml/2 lugë vaj ulliri
2 qepë, të grira
15 ml/1 lugë gjelle pluhur i butë kerri

30 ml / 2 lugë gjelle miell i thjeshtë (për të gjitha qëllimet)
150 ml/¼ pt/2/3 filxhani krem i lehtë
90 ml / 6 lugë kos të thjeshtë grek
1 thelpi hudhër, e shtypur
30 ml / 2 lugë pure domate (pastë)
5 ml/1 lugë gjelle garam masala
5 ml/1 lugë kripë
Lëng nga 1 limon të vogël
4 mollë për të ngrënë (ëmbëlsirë), të qëruara, të prera, të prera në katër pjesë dhe të prera hollë
30 ml / 2 lugë gjelle çdo chutney frutash
450 g / 1 lb / 4 filxhanë gjeldeti të gatuar të ftohtë, të prerë në kubikë

Vendosni gjalpin ose margarinën dhe vajin në një tavë me diametër 25 cm (furrë holandeze). Ngroheni, pa mbuluar, në gjendje të plotë për 1 ½ minutë. Përzieni qepët. Gatuani, pa mbuluar, në Plotë për 3 minuta, duke e përzier dy herë. Përzieni kerin, miellin, kremin dhe kosin. Gatuani, pa mbuluar, në gjendje të plotë për 2 minuta. Shtoni të gjithë përbërësit e mbetur. Mbulojeni me një pjatë dhe gatuajeni në Fletë për 12-14 minuta, duke e përzier çdo 5 minuta, derisa të nxehet.

Byrek me gjeldeti me bukë dhe gjalpë

Shërben 4 racione

75 g / 3 oz / 3/8 filxhan gjalpë ose margarinë
60 ml / 4 lugë gjelle djathë parmixhano të grirë
2.5 ml/½ lugë e vogël trumzë e thatë

1,5 ml/¼ lugë e vogël sherebelë të thatë
5 ml / 1 lugë gjelle lëvozhgë limoni të grirë
4 feta të mëdha buke të bardhë ose integrale
1 qepë e grirë
50 g / 2 oz kërpudha, të prera në feta
45 ml / 3 lugë gjelle miell i thjeshtë (për të gjitha qëllimet)
300 ml / ½ pt / 1 ¼ filxhan lëng pule të nxehtë
15 ml / 1 lugë gjelle lëng limoni
45 ml / 3 lugë krem i thjeshtë (i lehtë)
225 g / 8 oz / 2 filxhanë pule të gatuar të ftohtë, të prerë në kubikë
Kripë dhe piper i zi i sapo bluar

Rrihni gjysmën e gjalpit ose margarinës me djathin, trumzën, sherebelën dhe lëkurën e limonit. Përhapeni mbi bukë dhe priteni secilën fetë në katër trekëndësha. Vendosni gjalpin ose margarinën e mbetur në një enë të thellë me diametër 20 cm/8. Ngroheni, pa mbuluar, në gjendje të plotë për 1 ½ minutë. Shtoni qepën dhe kërpudhat. Gatuani, pa mbuluar, në Plotë për 3 minuta, duke e përzier dy herë. Hidhni miellin, më pas përzieni gradualisht lëngun, lëngun e limonit dhe kremin. Shtoni mishin e pulës dhe rregulloni sipas shijes. Mbulojeni me një pjatë dhe nxeheni në Full për 8 minuta, duke e përzier tre herë, derisa të nxehet. Hiqeni nga mikrovala. Hidhni sipër trekëndëshat e bukës së lyer me gjalpë dhe skuqini në grill të nxehtë (broiler).

Tavë gjeldeti dhe orizi me mbushje

Shërben 4-5

225 g / 8 oz / 1 filxhan oriz me kokrra të gjata që gatuhet lehtë
300 ml / 10 ml oz / 1 kanaçe kremi i kondensuar i supës me kërpudha
300 ml / ½ pt / 1 ¼ filxhan ujë të valë

225 g / 8 oz / 2 gota misër të ëmbël (misër)

50 g / 2 oz / ½ filxhan arra të copëtuara pa kripë

175 g / 6 oz / 1½ filxhan gjeldeti të gatuar, të prerë në kubikë

50 g/2 oz mbushje të ftohtë, të prerë në kubikë

Sallatë me lakër, për të shërbyer

Vendosni të gjithë përbërësit, përveç mbushjes, në një enë 1,75 litra / 3 pt / 7½ filxhan. Homogjenizoj. Mbulojeni me mbështjellës plastik (mbështjellës plastik) dhe priteni dy herë për të lejuar që avulli të dalë. Gatuani në të plotë për 25 minuta. Zbulojeni dhe përzieni me një pirun që të lirohet orizi. Mbulojini me mbushjen e ftohtë. Mbulojeni me një pjatë dhe gatuajeni në Plotë për 2 minuta. Lëreni të pushojë për 4 minuta. Pushoni përsëri dhe hani me salcë lakër.

Gjoks gjeldeti me glazurë portokalli

Shërben 4-6

Për familjet e vogla që duan një vakt festiv me mbetje minimale.

40 g / 1 ½ oz / 3 lugë gjelle gjalpë

15 ml / 1 lugë gjelle ketchup domate (catsup)
10 ml / 2 lugë melasë të zezë (melase)
5 ml/1 lugë paprika
5 ml/1 lugë salcë Worcestershire
lëkura e grirë imët e 1 satsuma ose klementinë
Një majë karafil të bluar
1.5 ml/¼ lugë çaji pluhur kanelle
1 gjoks gjeldeti i plotë, rreth 1 kg/2¼ £

Përziejini mirë të gjithë përbërësit përveç gjelit të detit në një pjatë. Ngroheni, pa mbuluar, në shkrirje për 1 minutë. Vendoseni gjoksin e gjelit në një enë me diametër 25 cm/10 (furrë holandeze) dhe lyeni me gjysmën e salcës. Mbulojeni me mbështjellës plastik (mbështjellës plastik) dhe priteni dy herë për të lejuar që avulli të dalë. Gatuani në gjendje të plotë për 10 minuta. Kthejeni gjoksin e gjelit dhe lyejeni me pjesën tjetër të salcës. Mbulojeni si më parë dhe gatuajeni në Fryrë për 10 minuta të tjera, duke e kthyer enën tre herë. Lëreni të qëndrojë për 7 deri në 10 minuta para gdhendjes.

rosë e ëmbël dhe e thartë

Shërben 4 racione

1 rosë, rreth 2.25 kg/5 lb, e larë dhe e tharë
45 ml/3 lugë çatni mango

Mashurka

175 g / 6 oz / ¾ filxhan oriz kaf, i gatuar

Vendoseni rosën me kokë poshtë në një pjatë çaji të përmbysur në një tavë me diametër 25 cm/10 (furrë holandeze). Mbulojeni me mbështjellës plastik (mbështjellës plastik) dhe priteni dy herë për të lejuar që avulli të dalë. Gatuani në gjendje të plotë për 20 minuta. Zbuloni dhe derdhni me kujdes yndyrën dhe lëngjet. Kthejeni rosën dhe përhapeni gjoksin me chutney. Mbulojeni si më parë dhe gatuajeni në Plotë për 20 minuta të tjera. Pritini në katër pjesë dhe shërbejeni me lakër fasule dhe oriz.

rosë kantoni

Shërben 4 racione

45 ml/3 lugë gjelle reçel i butë kajsie (konserva)
30 ml / 2 lugë gjelle verë orizi kinez

10 ml / 2 lugë mustardë e butë

5 ml / 1 lugë çaji lëng limoni

10 ml/2 lugë salcë soje

1 rosë, rreth 2.25 kg/5 lb, e larë dhe e tharë

Në një tas të vogël vendosni reçelin e kajsisë, verën e orizit, mustardën, lëngun e limonit dhe salcën e sojës. Ngroheni në të Plotë për 1–1½ minuta, duke e përzier dy herë. Vendoseni rosën me kokë poshtë në një pjatë çaji të përmbysur në një tavë me diametër 25 cm/10 (furrë holandeze). Mbulojeni me mbështjellës plastik (mbështjellës plastik) dhe priteni dy herë për të lejuar që avulli të dalë. Gatuani në gjendje të plotë për 20 minuta. Zbuloni dhe derdhni me kujdes yndyrën dhe lëngjet. Kthejeni rosën dhe lyeni gjoksin me salcën e kajsisë. Mbulojeni si më parë dhe gatuajeni në të plotë për 20 minuta. Pritini në katër pjesë dhe shërbejeni.

Rosë me salcë portokalli

Shërben 4 racione

Një luks i klasit të lartë, i përgatitur lehtësisht në mikrovalë në një fraksion të kohës që do të merrte normalisht. Dekoroni me lakërishtë dhe feta të freskëta portokalli për një festë në qendër.

1 rosë, rreth 2.25 kg/5 lb, e larë dhe e tharë

Për salcën:

Lëkura e grirë e 1 portokallit të madh

Lëng nga 2 portokall

30 ml / 2 lugë gjelle marmelatë limoni të grirë

15 ml/1 lugë gjelle reçel rrush pa fara (mbajeni të pastër)

30 ml / 2 lugë liker portokalli

5 ml/1 lugë salcë soje

10 ml / 2 lugë lugë miell misri (niseshte misri)

Vendoseni rosën me kokë poshtë në një pjatë çaji të përmbysur në një tavë me diametër 25 cm/10 (furrë holandeze). Mbulojeni me mbështjellës plastik (mbështjellës plastik) dhe priteni dy herë për të lejuar që avulli të dalë. Gatuani në gjendje të plotë për 20 minuta.

Zbuloni dhe derdhni me kujdes yndyrën dhe lëngjet. Ktheni rosë. Mbulojeni si më parë dhe gatuajeni në të plotë për 20 minuta. Pritini në katër pjesë, transferojeni në një pjatë dhe mbajeni të ngrohtë. Prisni yndyrën nga lëngjet e gatimit.

Për të bërë salcë, vendosni të gjithë përbërësit përveç miellit të misrit në një enë matëse. Shtoni lëngjet e gatimit të skremuar. Plotësoni deri në 300 ml/½ pt/1¼ filxhan me ujë të nxehtë. Përzieni miell misri në një pastë të imët me disa lugë ujë të ftohtë. Shtoni në enë dhe përzieni mirë. Gatuani, pa mbuluar, në Plotë për 4 minuta, duke e përzier tre herë. Hidhni mbi rosë dhe shërbejeni menjëherë.

Rosë e stilit francez

Shërben 4 racione

1 rosë, rreth 2.25 kg/5 lb, e larë dhe e tharë
12 kumbulla të thata me kokrra

1 kërcell selino të grirë hollë
2 thelpinj hudhre, te shtypura

Për salcën:
300 ml / ½ pt / 1¼ filxhan musht të thatë
5 ml/1 lugë kripë
10 ml / 2 lugë pure domate (pastë)
30 ml/2 lugë gjelle krem fraiche
15 ml / 1 lugë gjelle miell misri (niseshte misri)
Tagliatele të gatuara, për t'u shërbyer

Vendoseni rosën me kokë poshtë në një pjatë çaji të përmbysur në një tavë me diametër 25 cm/10 (furrë holandeze). Përhapni kumbullat e thata, selinon dhe hudhrën rreth rosës. Mbulojeni enën me mbështjellës plastik (mbështjellës plastik) dhe prejeni dy herë që të largohet avulli. Gatuani në gjendje të plotë për 20 minuta. Zbuloni dhe derdhni me kujdes duke rezervuar yndyrën dhe lëngjet. Ktheni rosë. Mbulojeni si më parë dhe gatuajeni në të plotë për 20 minuta. Pritini në katër pjesë, transferojeni në një pjatë dhe mbajeni të ngrohtë. Prisni yndyrën nga lëngjet e gatimit.

Për të bërë salcën, vendoseni mushtin në një enë matëse. Shtoni kripën, purenë e domates, kremin, lëngjet e gatimit të skremuar dhe miellin e misrit. Gatuani, pa mbuluar, në Plotë për 4-5 minuta derisa të trashet dhe të fryjë, duke e përzier çdo minutë. Hidhni mbi rosën dhe kumbullat e thata dhe shoqëroni me tagliatelë.

Pjekja e gishtave të mishit pa kocka dhe të prera në feta

Vendoseni nyjen, me anën e lëkurës lart, në një raft të posaçëm të sigurt për mikrovalë në një pjatë të madhe. Mbulojeni me një copë mbështjellëse plastike (mbështjellëse plastike). Për çdo 450 g/1 lb, lejoni kohët e mëposhtme të gatimit:

- Mish derri - 9 minuta
- Proshutë - 9 minuta
- Qengji - 9 minuta
- Mishi - 6-8 minuta

Kthejeni enën çdo 5 minuta që të gatuhet në mënyrë të barabartë, duke mbrojtur duart tuaja me dorashka furre. Lëreni të pushojë për 5 deri në 6 minuta në gjysmë të kohës së pjekjes. Në fund të gatimit, kalojini gishtat në një dërrasë gdhendjeje dhe mbulojeni me një shtresë të dyfishtë letër alumini. Lëreni të pushojë për 5 deri në 8 minuta, në varësi të madhësisë, përpara se ta gdhendni.

Bërxolla derri të ëmbla dhe të tharta me portokall dhe limon

Shërben 4 racione

4 bërxolla derri, 175 g / 6 oz secila pas prerjes
60 ml/4 lugë gjelle ketchup domate (catsup)
15 ml / 1 lugë gjelle salcë teriyaki
20 ml/4 lugë uthull malti
5 ml / 1 lugë gjelle lëvozhgë limoni të grirë
Lëng i 1 portokalli
1 thelpi hudhër të grirë (opsionale)
350 g / 12 oz / 1½ filxhan oriz kaf, i gatuar

Vendosini bërxollat në një enë të thellë 25cm/10cm. Përziejini të gjithë përbërësit e mbetur përveç orizit dhe vendosini sipër bërxollave. Mbulojeni me mbështjellës plastik (mbështjellës plastik) dhe priteni dy herë për të lejuar që avulli të dalë. Gatuani në të Plotë për 12 minuta, duke e kthyer enën katër herë. Lëreni të pushojë për 5 minuta përpara se ta shërbeni me orizin kaf.

Bukë mishi

Shërben 8-10

Një terren familjar i gjithanshëm i provuar dhe i besuar. Është i shkëlqyeshëm kur shërbehet i nxehtë, i prerë në feta me salcë ose salcë portugeze ose salcë domate fshatare dhe shoqërohet me krem patate ose makarona dhe perime të ndryshme. Përndryshe, hani të ftohtë me një majonezë të pasur ose salcë sallate dhe sallate. Për sanduiçe, të prera hollë dhe të përdorura si mbushje me marule, qiqra të grira (qipuj) dhe domate ose, të servirura me tranguj të vegjël (cornichons) dhe bukë hambar, shijon si një fillestar klasik i stilit francez.

125 g/4¾ oz/3½ feta bukë e bardhë me teksturë të lehtë
450 g/1 lb mish viçi pa dhjamë i grirë (i bluar)
450 g / 1 lb / 4 gota gjeldeti i grirë (i bluar)
10 ml / 2 lugë çaji kripë
3 thelpinj hudhre, te shtypura
4 vezë të mëdha, të rrahura
10 ml/2 lugë salcë Worcestershire
10 ml / 2 lugë salcë soje të errët
10 ml / 2 lugë çaji mustardë të bërë

Lyejeni pak me yndyrë një enë të thellë me diametër 23 cm/9. Grini bukën në një përpunues ushqimi. Shtoni të gjithë përbërësit e mbetur dhe shtypni makinën derisa masa të jetë e kombinuar. (Shmangni përzierjen e tepërt pasi buka do të jetë e rëndë dhe e dendur.) Përhapeni në pjatën e përgatitur. Shtyni një kavanoz pelte për fëmijë (konserva) ose filxhan vezësh me anë të drejtë në qendër në mënyrë që përzierja e mishit të formojë një unazë. Mbulojeni me mbështjellës plastik (mbështjellës plastik) dhe priteni dy herë për të lejuar që avulli të dalë. Gatuani në të Plotë për 18 minuta, duke e kthyer pjatën dy herë. Buka do të tkurret nga anët e pjatës. Lëreni të pushojë për 5 minuta nëse e servirni të nxehtë.

Gjeli i detit dhe terina me sallam

Shërben 8-10

Përgatiteni si për Bukën e Mishit, por zëvendësoni 450 g/1 lb sallam viçi ose derri me mishin e grirë (të bluar). Gatuani në të plotë për 18 minuta në vend të 20 minutave.

Copat e derrit me salcë zippy

Shërben 4 racione

4 bërxolla derri, 175 g / 6 oz secila pas prerjes
30 ml / 2 lugë gjalpë ose margarinë
5 ml/1 lugë paprika
5 ml/1 lugë salcë soje
5 ml/1 lugë salcë Worcestershire

Vendosini bërxollat në një enë të thellë 25cm/10cm. Shkrini gjalpin ose margarinën në shkrirje për 1 ½ minutë. Rrihni përbërësit e mbetur dhe derdhni mbi bërxolla. Mbulojeni me mbështjellës plastik (mbështjellës plastik) dhe priteni dy herë për të lejuar që avulli të dalë. Gatuani në të Plotë për 9 minuta, duke e kthyer pjatën katër herë. Lëreni të pushojë për 4 minuta.

Tavë me mish derri dhe ananas Havai

Shërben 6 racione

Delikatesa, butësia dhe shija e mirë karakterizojnë këtë recetë mishi dhe frutash nga ishulli tropikal i Hawait.

15 ml / 1 lugë gjelle vaj kikiriku

1 qepë e grirë hollë

2 thelpinj hudhre, te shtypura

900 g / 2 lb fileto derri, e prerë në kubikë

15 ml / 1 lugë gjelle miell misri (niseshte misri)

400 g / 14 oz / 3½ filxhan ananas të konservuar të grimcuar në lëng natyral

45 ml / 3 lugë salcë soje

5 ml//1 lugë xhenxhefil pluhur

Piper i zi i sapo bluar

Lyejeni bazën dhe anët e një ene të thellë me diametër 23 cm/9 me vaj. Shtojmë qepën dhe hudhrën dhe i kaurdisim të pambuluara për 3 minuta. Përzieni mishin e derrit, miellin e misrit, ananasin dhe lëngun, salcën e sojës dhe xhenxhefilin. Sezoni sipas shijes me piper. Vendoseni në një unazë rreth skajit të brendshëm të enës, duke lënë një zgavër të vogël në qendër. Mbulojeni me mbështjellës plastik (mbështjellës plastik) dhe priteni dy herë për të lejuar që avulli të dalë. Gatuani në të Plotë për 16 minuta, duke e kthyer enën katër herë. Lëreni të pushojë për 5 minuta dhe përzieni përpara se ta shërbeni.

Tavë Havai me proshutë dhe ananas

Shërben 6 racione

Përgatiteni si për tavën e derrit të ananasit Havai, por zëvendësoni mishin e derrit me kube të buta proshutë pa tymosur.

Tavëll festive

Shërben 10-12

Ideale për një shuplakë për Krishtlindje ose për Vitin e Ri, proshuta e pjekur në mikrovalë është e lagësht dhe me lëng dhe gdhend bukur. Kjo është madhësia maksimale për një rezultat të kënaqshëm.

Gammon, pesha maksimale 2,5 kg / 5½ lbs
50 g / 2 oz / 1 filxhan bukë të artë
karafila të tëra

Lidhja fillimisht zihet në mënyrë konvencionale për të ulur kripësinë. E vendosim kofshën në një tenxhere të madhe, e mbulojmë me ujë të ftohtë, e lëmë të vlojë dhe e kullojmë. Përsëriteni. Peshoni kyçin e kulluar dhe prisni 8 minuta kohë gatimi në Plotë për 450 g/1 lb. Vendoseni fugën direkt në tabaka xhami brenda mikrovalës ose vendoseni në një enë të madhe dhe të cekët. Nëse ka një fund të ngushtë, mbështilleni me një copë letër alumini për të parandaluar zierjen e tepërt. E mbulojmë kofshën me letër kuzhine dhe e gatuajmë për gjysmën e kohës së gatimit. Lëreni të pushojë në mikrovalë për 30 minuta. Hiqni letrën, nëse përdoret, kthejeni fugën dhe mbulojeni me letër kuzhine. Përfundoni gatimin dhe lëreni të pushojë për 30 minuta të tjera. Transferoni në një dërrasë prerëse. Hiqni lëkurën, grijeni yndyrën në diamante dhe spërkateni me thërrimet.

Tavëll Gala me smalt

Shërben 10-12

Gammon, pesha maksimale 2,5 kg / 5½ lbs
50 g / 2 oz / 1 filxhan bukë të artë
karafila të tëra
60 ml / 4 lugë sheqer demerara
10 ml / 2 lugë çaji pluhur mustardë
60 ml / 4 lugë gjalpë ose margarinë, të shkrirë
5 ml/1 lugë salcë Worcestershire
30 ml / 2 lugë gjelle lëng rrushi të bardhë
qershi koktej

Përgatituni si për Gammon Festive, por sigurojeni çdo diamant alternativ me një dhëmb. Për të bërë glazurën, kombinoni sheqerin, mustardën, gjalpin ose margarinën, salcën Worcestershire dhe lëngun e rrushit. Transferoni kofshën në rosto dhe mbulojeni yndyrën me shurup. Gatuani gishtin në mënyrë konvencionale në 190°C/375°F/gaz mark 5 për 25–30 minuta derisa yndyra të skuqet. Diamantet e mbetura me yndyrë i lidhni me qershi kokteji të shtruara në shkopinj koktej (kruajtëse dhëmbësh).

Paella me sallam spanjoll

Shërben 6 racione

Përgatiteni si për Paella-n, por pulën zëvendësoni sallamin e grirë rëndë.

Qofte në stil suedez

Shërben 4 racione

E njohur si kottbullar, kjo është një nga pjatat kombëtare të Suedisë, ku shërbehet me patate të ziera, salcë boronicë, lëng mishi dhe një sallatë të përzier.

75 g / 3 oz / 1½ *filxhan bukë të freskët të bardhë*
1 *qepë e grirë hollë*
225 g / 8 oz / 2 *gota mish derri pa dhjamë të grirë (i bluar)*
225 g / 8 oz / 2 *gota mish viçi i bluar (i bluar)*
1 *vezë e madhe*
2.5 ml/½ *lugë kripë*
175 ml / 6 ml oz / 1 *kanaçe e vogël qumësht i avulluar*
2,5 ml/½ *lugë gjelle erëza të grira*
25 g / 1 oz / 2 *lugë gjelle margarinë*

Përziejini mirë të gjithë përbërësit, përveç margarinës. Formoni 12 topa të së njëjtës madhësi. Ngrohni një pjatë të nxirë në mikrovalë siç udhëzohet në faqen 14 ose në broshurën e udhëzimeve të dhëna me pjatën ose mikrovalën. Shtoni margarinën dhe me duar të mbrojtura nga dorezat e furrës tundeni enën derisa pjesa e poshtme të mbulohet plotësisht. Në këtë pikë do të cëcëritet gjithashtu. Shtoni qoftet dhe kthejeni menjëherë në kafe. Mbulojeni me mbështjellës plastik (mbështjellës plastik) dhe priteni dy herë për të lejuar që avulli të dalë. Gatuani në të Plotë për 9½ minuta, duke e kthyer pjatën katër herë. Lëreni të pushojë 3 minuta para se ta servirni.

Mish derri të pjekur me kërcitje

Një lëkurë çuditërisht krokante në mishin e derrit, për shkak të kohës së gjatë të gatimit të mishit.

Zgjidhni një pjesë të këmbës, duke lejuar 175 g / 6 oz për person. Bëni prerje të thella në lëkurë me thikë dhe spërkateni me kripë të trashë dhe më lehtë me paprika. Vendoseni nyjen, me anën e lëkurës lart, në një raft të posaçëm të sigurt për mikrovalë në një pjatë të madhe. Mbulojeni me një copë letër pergamene. Hapeni pjekjen në këtë mënyrë, duke lënë 9 minuta për 450 g/1 lb. Kthejeni enën çdo 5 minuta që të gatuhet në mënyrë të barabartë, duke mbrojtur duart tuaja me dorashka furre. Lëreni të pushojë për 6 minuta në gjysmë të kohës së gatimit. Në fund të gatimit, kalojini gishtat në një dërrasë gdhendjeje dhe mbulojeni me një shtresë të dyfishtë letër alumini. Lëreni të qëndrojë 8 minuta para se të prisni feta dhe shërbejeni me perime dhe mbushje me sherebelë dhe qepë.

Mish derri i pjekur me mjaltë

Përgatiteni si për mishin e derrit të pjekur me kërcitje, por lyeni me një salcë të bërë nga 90 ml/6 lugë mjaltë të errët të lehtë të përzier me 20 ml/1 lugë gjelle mustardë bujare dhe 10 ml/2 lugë salcë Worcestershire përpara se ta spërkatni me kripë dhe paprika.

Bërxolla derri me lakër të kuqe

Shërben 4 racione

Një aferë dimri, kur tenxhere dhe kanaçe me lakër të kuqe mbushin raftet për Krishtlindje. Hani me kremin e patates dhe purenë e majdanozit.

450 g/1 paund lakër të kuqe të gatuar
4 domate, të zbardhura, të grira dhe të grira
10 ml / 2 lugë çaji kripë
4 bërxolla derri, 175 g / 6 oz secila pas prerjes
10 ml/2 lugë salcë soje
2.5 ml/½ lugë kripë hudhër
2,5 ml/½ lugë paprika
15 ml / 1 lugë gjelle sheqer të butë kafe të errët

E vendosim lakrën mbi bazën e një tavë me diametër 20 cm (furrë holandeze). Përziejmë domatet dhe kripën dhe sipër i vendosim kotatet. Hidhni salcën e sojës dhe spërkatni me përbërësit e mbetur. Mbulojeni me mbështjellës plastik (mbështjellës plastik) dhe priteni dy herë për të lejuar që avulli të dalë. Gatuani në të Plotë për 15 minuta, duke e kthyer enën katër herë. Lëreni të pushojë për 4 minuta para se ta shërbeni.

Fileto derri stil romak

Shërben 4 racione

15 ml / 1 lugë gjelle vaj ulliri

1 qepë e vogël, e grirë

1 thelpi hudhër, e shtypur

4 feta fileto derri, 125 g/4 oz secila, të rrahura deri sa të imët

60 ml/4 lugë gjelle lëng domate

5 ml/1 lugë luge rigon të thatë

125 g / 4 oz djathë mocarela, i prerë në feta

30 ml/2 lugë gjelle kaperi

Vakt misri i gatuar

Hidhni vajin në një enë të thellë me diametër 25 cm/10. Ngroheni në të plotë për 1 minutë. Shtoni qepën dhe hudhrën. Gatuani, pa mbuluar, në Plotë për 4 minuta, duke e përzier dy herë. Shtoni mishin e derrit në gjellë në një shtresë të vetme. Gatuani, pa mbuluar, në gjendje të plotë për 2 minuta. Kthejeni dhe gatuajeni edhe për 2 minuta të tjera. I spërkasim me lëngun e domates dhe rigonin, sipër i hedhim fetat e mocarelës, më pas i hedhim kaperit. Mbulojeni me mbështjellës plastik (mbështjellës plastik) dhe priteni dy herë për të lejuar që avulli të dalë. Gatuani në të Plotë për 2-3 minuta ose derisa djathi të shkrihet. Lëreni të qëndrojë 1 minutë përpara se ta servirni me polentë.

Fileto derri dhe tavë perimesh

Shërben 6-8

15 ml / 1 lugë gjelle vaj luledielli ose misri

1 qepë, e grirë në rende

2 thelpinj hudhre, te shtypura

675 g / 1½ lb fileto derri, e prerë në feta ¾/1,5 cm

30 ml / 2 lugë gjelle miell i thjeshtë (për të gjitha qëllimet)

5 ml/1 lugë borzilok të thatë

5 ml / 1 lugë e vogël lëvozhgë portokalli të grirë

200 g / 7 oz / 1 ¾ filxhan bizele dhe karota të ngrira të konservuara ose të shkrira

200 g / 7 oz / 1½ filxhan misër të ëmbël (misër)

300 ml/½ pt/1¼ filxhan verë rozë

150 ml/¼ pt/2/3 filxhan ujë të nxehtë

5 ml/1 lugë kripë

Hidhni vajin në një tavë me 2 litra / 3½ pt / 8½ filxhan (furrë holandeze). Ngroheni, pa mbuluar, në Plotë për 1 minutë. Shtoni qepën dhe hudhrën. Gatuani, pa mbuluar, në Plotë për 4 minuta, duke e përzier dy herë. Shtoni mishin e derrit. Mbulojeni enën me një pjatë dhe gatuajeni në Plotë për 4 minuta. Hidhni miellin duke u kujdesur që copat e mishit të jenë të veshura mirë. Shtoni të gjithë përbërësit e mbetur përveç kripës. Mbulojeni me mbështjellës plastik (mbështjellës plastik) dhe priteni dy herë për të lejuar që avulli të dalë. Gatuani në të Plotë për 17 minuta, duke e kthyer enën katër herë. Lëreni të qëndrojë për 5 minuta para se ta lyeni me kripë dhe ta servirni.

Copat e derrit me piper

Shërben 4 racione

4 bërxolla derri, 225 g/8 oz secila, pa yndyrë
10 ml / 2 lugë piper ose erëza Cajun
5 ml/1 lugë hudhër pluhur
400 g / 14 oz / 1 kanaçe e madhe fasule të kuqe, të kulluara
400 g / 14 oz / 1 kuti e madhe domate të prera në kubikë
30 ml / 2 lugë gjelle koriandër të freskët të copëtuar (cilantro)
2.5 ml/½ lugë kripë

Bërxollat i renditim në një pjatë të thellë me diametër 30 cm/12. Spërkateni me erëza dhe hudhër pluhur. Mbulojeni me mbështjellës plastik (mbështjellës plastik) dhe priteni dy herë për të lejuar që avulli të dalë. Gatuani në të Plotë për 8 minuta, duke e kthyer pjatën dy herë. Zbulojeni dhe lyeni me fasulet dhe domatet me lëngun e tyre.

Spërkateni me koriandër dhe kripë. Mbulojeni si më parë dhe ziejini në Fryrë për 15 minuta duke e kthyer 3 herë. Lëreni të pushojë 5 minuta para se ta servirni.

Mish derri me chutney dhe mandarina

Shërben 4 racione

4 bërxolla derri, 225 g/8 oz secila, pa yndyrë
350 g / 12 oz / 1 kanaçe e madhe Segmente mandarine në shurup të lehtë
5 ml/1 lugë paprika
20 ml/4 lugë salcë soje
45 ml / 3 lugë çatni frutash, të copëtuara nëse është e nevojshme
2 thelpinj hudhre, te shtypura
Oriz kerri

Bërxollat i renditim në një pjatë të thellë me diametër 30 cm/12. Kullojmë mandarinat duke rezervuar 30 ml/2 lugë shurup dhe frutat ndajmë mbi bërxollat. Rrihni shurupin e rezervuar me përbërësit e tjerë, përveç orizit dhe vendoseni sipër mandarinave. Mbulojeni me mbështjellës plastik (mbështjellës plastik) dhe priteni dy herë për të lejuar që avulli të dalë. Gatuani në të Plotë për 20 minuta, duke e kthyer enën katër herë. Lëreni të pushojë për 5 minuta dhe shërbejeni me oriz.

brinjë të 'pjekura'

Shërben 4 racione

1 kg / 2¼ lb brinjë derri ose brinjë derri
50 g / 2 oz / ¼ filxhan gjalpë ose margarinë
15 ml / 1 lugë gjelle ketchup domate (catsup)
10 ml/2 lugë salcë soje
5 ml/1 lugë paprika
1 thelpi hudhër, e shtypur
5 ml / 1 lugë salcë djegës

Lani dhe thajeni mishin e derrit dhe ndajeni në brinjë individuale. Vendoseni në pjatën më të madhe, të sheshtë dhe të rrumbullakët që do të futet rehat në mikrovalë, me skajin e ngushtë të çdo brinjë të drejtuar nga qendra. Mbulojeni me mbështjellës plastik (mbështjellës plastik) dhe priteni dy herë për të lejuar që avulli të dalë. Gatuani në të Plotë për 10 minuta, duke e kthyer enën tre herë. Për të bërë bastun, bashkoni përbërësit e mbetur në një tas dhe ngrohni, të pambuluar, në shkrirje për 2 minuta. Zbuloni brinjët dhe derdhni me kujdes yndyrën. Lyejeni me rreth gjysmën e bastingut. Gatuani, pa mbuluar, në gjendje të plotë për 3 minuta. Kthejeni me piskatore dhe lyejeni me pjesën tjetër të lëmimit. Gatuani, pa mbuluar, në gjendje të plotë për 2 minuta. Lëreni të pushojë 3 minuta para se ta servirni.

Çikore e mbështjellë me proshuto në salcë djathi

Shërben 4 racione

Quhet chicorées au jambon në Belgjikë, vendi i saj i origjinës. Perimet e bardha argjendi e mbështjellë me proshuto dhe e mbytur në një salcë të thjeshtë djathi është një kryevepër gastronomike.

8 koka çikore (endive belge), rreth 1 kg / 2¼ lb në total
150 ml/¼ pt/2/3 filxhan ujë të vluar
15 ml / 1 lugë gjelle lëng limoni
8 feta të mëdha proshutë të gatuar
600 ml / 1 pt / 2½ gota qumësht
50 g / 2 oz / ¼ filxhan gjalpë ose margarinë

45 ml / 3 lugë gjelle miell i thjeshtë (për të gjitha qëllimet)
175 g / 6 oz / 1½ filxhan djathë Edam, i grirë
Kripë dhe piper i sapo bluar
Patate të skuqura (patate të skuqura), për t'u shërbyer

Pritini çikoren, duke hequr çdo gjethe të jashtme të mavijosur ose të dëmtuar dhe prisni një pjesë në formë koni nga baza e secilës për të shmangur një shije të hidhur. Vendosini kokat si thumba në një rrotë në një enë të thellë me diametër 30 cm/12. Mbulojeni me ujë dhe lëng limoni. Mbulojeni me mbështjellës plastik (mbështjellës plastik) dhe priteni dy herë për të lejuar që avulli të dalë. Gatuani në të Plotë për 14 minuta, duke e kthyer pjatën dy herë. Lëreni të qëndrojë për 5 minuta dhe më pas kullojeni mirë. Lani dhe thani enën. Kur cikorja të jetë ngrohur, mbështillni një fetë proshutë rreth secilës dhe kthejeni në pjatë. Qumështin e vendosim në një tenxhere dhe e ngrohim të pambuluar në Plotë për 3 minuta. Vendosni gjalpin ose margarinën në një enë 1,2 litra/2 pt/5 filxhan dhe shkrini në të Plotë për 1 minutë. Hidhni miellin dhe përzieni gradualisht qumështin e nxehtë. gatuaj, pa mbuluar, në Plotë për 5-6 minuta, duke e trazuar çdo minutë për të siguruar butësi, derisa salca të flluskojë dhe të trashet. Shtoni djathin dhe rregulloni sipas shijes. Hidhni në mënyrë të barabartë mbi çikoren dhe proshutën. Mbulojeni me një pjatë dhe ringrojeni në Full për 3 minuta. Lëreni të pushojë për 3 minuta. Skuqeni në mënyrë konvencionale në një skarë të nxehtë (broiler), nëse dëshironi, shërbejeni me patate të skuqura.

Brinjë derri me salcë Barbecue portokalli

Shërben 4 racione

1 kg / 2¼ lb brinjë derri ose brinjë derri
30 ml / 2 lugë gjelle lëng limoni
30 ml / 2 lugë salcë soje
5 ml / 1 lugë çaji pluhur wasabi japonez
15 ml/1 lugë gjelle salcë Worcestershire
300 ml / ½ pt / 1¼ filxhan lëng portokalli të freskët të shtrydhur
30 ml / 2 lugë gjelle marmelatë portokalli të errët

10 ml / 2 lugë çaji mustardë të bërë
1 thelpi hudhër, e shtypur
Petë kineze, të gatuara, për servirje
Disa feta portokalli, për zbukurim

Vendosini brinjët në një enë të madhe dhe të cekët. Mbulojeni me mbështjellës plastik (mbështjellës plastik) dhe priteni dy herë për të lejuar që avulli të dalë. Gatuani në të Plotë për 7 minuta, duke e kthyer pjatën dy herë. Zbulojeni dhe derdhni me kujdes yndyrën. Përziejini përbërësit e mbetur përveç makaronave dhe hidhini sipër brinjëve. Mbulojeni lirshëm me letër kuzhine dhe ziejini në Fletë për 20 minuta, duke e kthyer enën katër herë dhe duke e lyer me salcën çdo herë. Hani me petë kineze të ziera dhe feta portokalli të servirura veçmas.

Puding me biftek dhe kërpudha

Shërben 4 racione

Ky thesar i vjetër anglez funksionon si një ëndërr në mikrovalë, me masën e dhjamit (pastë) që sillet pikërisht ashtu siç duhet. Truku është përdorimi i mishit të gatuar paraprakisht, si zierja e bërë në shtëpi ose mishi i grirë, pasi kubet e mishit të papërpunuar priren të ngurtësohen në mikrovalë kur gatuhen me lëng.

Për pasta:

175 g / 6 oz / 1½ filxhan miell që ngrihet vetë

2.5 ml/½ lugë kripë

50 g / 2 oz / ½ filxhan mish viçi ose perime të grira

90 ml/6 lugë gjelle ujë të ftohtë

Për mbushjen:

450 g / 1 lb viçi i zier me salcë

125 g / 4 oz kërpudha butona

Për të bërë brumin, sitini miellin dhe kripën në një tas dhe përzieni në supet. Duke përdorur një pirun, përzieni me ujë të mjaftueshëm për të bërë një brumë të butë por të lakueshëm. Ziejeni lehtë derisa të jetë e qetë, më pas hapeni në një sipërfaqe të lyer me miell në një rreth 12 inç. Prisni një çerek në formë pyke dhe rezervoni për kapakun. Lyeni mirë një tepsi me puding 900 ml / 1½ pt / 3¾ filxhan dhe lyeni me brumin, duke e përhapur në fund dhe anët derisa të arrijë në skajin e brendshëm në pjesën e sipërme të tasit dhe duke shtypur rrudhat me majat e gishtave. Mbyllni nyjet duke i shtrydhur së bashku me gishtat e lagur.

Për të bërë mbushjen, ngrohni mishin dhe kërpudhat e gatuara, qoftë në mikrovalë ose në mënyrë konvencionale. Lëreni të ftohet. Hidhni me lugë në një tas të veshur me pastë. Hapeni brumin e rezervuar për të bërë një kapak, lagni buzën dhe vendoseni mbi brumin e rreshtimit, duke i shtrydhur së bashku për t'u mbyllur. Mbulojeni me mbështjellës plastik (mbështjellës plastik) dhe priteni dy herë për të lejuar që avulli të dalë. Gatuani në të Plotë për 7 minuta derisa brumi të jetë fryrë mirë. Lëreni të qëndrojë për 3 minuta, më pas vendoseni në pjata për servirje.

Puding me biftek dhe veshka

Shërben 4 racione

Përgatiteni si për biftek dhe puding me kërpudha, por përdorni 450 g/1 lb biftek dhe veshkë të gatuar.

Puding me biftek dhe gështenjë

Shërben 4 racione

Përgatiteni si në biftek dhe puding me kërpudha, por zëvendësoni kërpudhat me gështenjat e plota.

Biftek dhe puding arre turshi me kumbulla të thata

Shërben 4 racione

Përgatiteni si për biftekun dhe pudingun me kërpudha, por zëvendësoni kërpudhat me 4 arra turshi, të prera në katërsh dhe 8 kumbulla të thata pa kokrra (me kokrra).

Mish i grirë i Amerikës së Jugut

Shërben 4 racione

2 qepë të grira hollë ose të grira në rende
275 g kungull të qëruar, kungull i njomë ose kungull i njomë (kungull i njomë), i prerë në kubikë
1 domate e madhe, e zbardhur, e qeruar dhe e prerë
450 g / 1 lb / 4 filxhanë viçi të grirë trashë (i bluar)
5–10 ml/1–2 lugë kripë
oriz brazilian

Vendosim perimet dhe i presim në një tavë me diametër 20 cm (furrë holandeze). Mbulojeni me mbështjellës plastik (mbështjellës plastik) dhe priteni dy herë për të lejuar që avulli të dalë. Gatuani në të Plotë për 10 minuta, duke e kthyer enën tre herë. Zbulojeni dhe grijeni mirë që mishi të copëtohet. Mbulojeni me një pjatë dhe gatuajeni në Plotë për 5 minuta, duke e përzier një herë. Lëreni të qëndrojë për 3 minuta dhe rregulloni me kripë. Mishi do të ketë një konsistencë mjaft të lirshme në salcën e tij të patrashur. Shërbejeni me oriz brazilian.

Mish i grirë brazilian me vezë dhe ullinj

Shërben 4 racione

Përgatiteni si për mishin e grirë të Amerikës së Jugut, por hiqni kungullin, kungull i njomë ose kungull i njomë (kungull i njomë). Shtoni 60 ml/4 lugë lëng mishi në përzierjen e mishit. Zvogëloni kohën e gatimit fillestar në 7 minuta. Pasi të pushoni, përzieni 3 feta vezë të ziera (të forta) dhe 12 ullinj jeshil pa koriza (me kokrra).

Sanduiç Ruben

Shërben 2 racione

Siç mund të dëshmojë çdo amerikan, sanduiçi Reuben me fytyrë të hapur është një festë ushqimore, e prodhuar nga deli nga Nju Jorku në Kaliforni.

2 feta të mëdha bukë gruri ose thekre
Majonezë

175 g / 6 oz viçi i kripur, pastrami ose gjoksi, i prerë në feta hollë

175 g / 6 oz lakër turshi, të kulluar

4 feta të mëdha dhe të holla djathë Gruyère (zviceran) ose Emmentaler

E lyejmë bukën me majonezë dhe i vendosim fetat krah për krah në një pjatë të madhe. Ngroheni, pa mbuluar, në shkrirje për 1 ½ minutë. Lyejeni secilën në mënyrë të barabartë me mishin dhe sipër me lakër turshi, duke e shtypur lehtë me një shpatull. Mbulojini me djathë. Gatuani në të Plotë për 1½ deri në 2 minuta derisa djathi të shkrihet. Hani menjëherë.

mish viçi mein

Shërben 4 racione

Përgatiteni si në Chicken Chow Mein, por zëvendësoni mishin e pulës me viçin.

chop viçi suey

Shërben 4 racione

Përgatiteni si për Chicken Chop Suey, por zëvendësoni pulën me mishin.

Tavë me patëllxhanë dhe mish

Shërben 6 racione

Ky specialitet i Luizianës është një kënaqësi për të gjithë dhe është i dashur nga vendasit.

4 patëllxhanë (patëllxhanë)

10 ml / 2 lugë çaji kripë

45 ml / 3 lugë gjelle ujë të vluar

1 qepë e grirë hollë

450 g / 1 lb / 4 gota mish i grirë pa dhjamë (i bluar)

75 g / 3 oz / 1½ filxhan bukë të freskët të bardhë

1,5–2,5 ml/¼–½ lugë e vogël salcë djegës

Kripë dhe piper i sapo bluar

25 g / 1 oz / 2 lugë gjelle gjalpë

250 g / 8 oz / 2¼ filxhan oriz amerikan me kokërr të gjatë, i gatuar

Mbulojini, grijini dhe qëroni patëllxhanët dhe mishin e prisni në kubikë. Vendoseni në një tas ose pjatë të madhe dhe përzieni kripën dhe ujin e vluar. Mbulojeni me mbështjellës plastik (mbështjellës plastik) dhe priteni dy herë për të lejuar që avulli të dalë. Gatuani në gjendje të plotë për 14 minuta. Lëreni të pushojë për 2 minuta. Kullojeni mirë, vendoseni në blender ose procesor ushqimi dhe përpunojeni derisa të bëhet pure. Lyejmë mirë një enë të cekët. Përziejmë purenë e patëllxhanëve, qepën, mishin, gjysmën e thërrimeve të bukës, salcën e specit djegës dhe kripën dhe piperin e zi të sapo bluar sipas shijes. Përhapeni në tavë. Spërkateni me bukën e mbetur, më pas spërkatni me thekon gjalpi. Gatuani, pa mbuluar, në gjendje të plotë për 10 minuta. Inflamoni shkurtimisht nën një skarë të nxehtë (broiler) përpara se ta shërbeni, nëse dëshironi, për të skuqur pjesën e sipërme. Shërbejeni me orizin.

kerri qofte

Shërben 8 racione

675 g / 1½ lb / 6 gota mish viçi pa dhjamë (i bluar)
50 g / 2 oz / 1 filxhan bukë të freskët të bardhë
1 thelpi hudhër, e shtypur

1 vezë e madhe, e rrahur
300 ml / 10 ml oz / 1 kanaçe supë me domate të kondensuar
6 domate
10 ml/2 lugë salcë soje
15–30 ml/1–2 lugë gjelle pluhur i butë kerri
15 ml / 1 lugë pure domate (pastë)
1 kub bujoni viçi
75 ml / 5 lugë gjelle chutney mango
Oriz i zier ose pure patatesh, për t'u shërbyer

Përzieni mishin, thërrimet e bukës, hudhrën dhe vezën. Formoni 16 topa dhe vendosini në buzë të një pjate 25cm/10cm të thellë. Përziejini përbërësit e mbetur dhe vendosini sipër qofteve. Mbulojeni me mbështjellës plastik (mbështjellës plastik) dhe priteni dy herë për të lejuar që avulli të dalë. Gatuani në të Plotë për 18 minuta, duke e kthyer enën katër herë. Lëreni të pushojë për 5 minuta. Zbuloni dhe derdhni salcën mbi qoftet. Lëreni të pambuluar dhe ngroheni në Full për 1½–2 minuta të tjera. Shërbejeni me oriz të zier ose pure patatesh.

qofte italiane

Shërben 4 racione

15 ml/2 lugë gjelle vaj ulliri
1 qepë, e grirë në rende
2 thelpinj hudhre, te shtypura
450 g / 1 lb / 4 gota mish i grirë pa dhjamë (i bluar)
75 ml / 5 lugë gjelle bukë të freskët të bardhë

1 vezë e rrahur

10 ml / 2 lugë çaji kripë

400 g / 14 oz / 1 ¾ filxhan pasata (domate të situr)

10 ml / 2 lugë sheqer të butë kafe të errët

5 ml/1 lugë borzilok të thatë ose rigon

Hidhni vajin në një enë të thellë me diametër 20 cm/8. Shtoni qepën dhe hudhrën. Gatuani, pa mbuluar, në gjendje të plotë për 4 minuta. Përziejmë mishin me thërrimet e bukës, vezën dhe gjysmën e kripës. Formoni 12 topa të vegjël. Shtoni në pjatë dhe gatuajeni, pa mbuluar, në zjarr të plotë për 5 minuta, duke i kthyer qoftet në gjysmë të kohës së gatimit. Prisni duke përzier pasatën, sheqerin, rigonin dhe kripën e mbetur. Hidhni mbi qofte. Mbulojeni me mbështjellës plastik (mbështjellës plastik) dhe priteni dy herë për të lejuar që avulli të dalë. Gatuani në të Plotë për 10 minuta, duke e kthyer enën tre herë. Lëreni të pushojë 3 minuta para se ta servirni.

Qofte me paprikë të shpejtë

Shërben 4-6

Kjo është e mirë me patate të thjeshta të ziera ose patate të skuqura në mikrovalë (të skuqura) nëse jeni vërtet me nxitim!

450 g / 1 lb / 4 gota mish i grirë pa dhjamë (i bluar)

50 g / 2 oz / 1 filxhan bukë të freskët të bardhë

1 thelpi hudhër, e shtypur

1 vezë e madhe, e rrahur
300 ml/½ pt/1¼ filxhan pasata (domate të situr)
300 ml / ½ pt / 1¼ filxhan ujë të valë
30 ml / 2 lugë gjelle speca të thata të kuqe dhe jeshile (zile).
10 ml / 2 lugë çaji paprika
5 ml/1 lugë çaji fara qimnon (opsionale)
10 ml / 2 lugë sheqer të butë kafe të errët
5 ml/1 lugë kripë
150 ml / 5 oz / 2/3 filxhan salcë kosi

Përzieni mishin, thërrimet e bukës, hudhrën dhe vezën. Formoni 12 topa. Vendoseni rreth buzës së një pjate të thellë me diametër 20 cm/8. Përzieni pasatën me ujin. Përzieni thekon djegës, paprikën, farat e qimnonit, nëse përdorni, dhe sheqerin. Hidhni me lugë qoftet. Mbulojeni me mbështjellës plastik (mbështjellës plastik) dhe priteni dy herë për të lejuar që avulli të dalë. Gatuani në të Plotë për 15 minuta, duke e kthyer enën tre herë. Lëreni të qëndrojë për 5 minuta, më pas zbuloni dhe përzieni kripën dhe salcën e thartë. Ngroheni, pa mbuluar, në Plotë për 2 minuta.

Fetë bufe mishi me barishte

Shërben 8 racione

900 g / 2 lb / 8 gota mish viçi i bluar (i bluar)
2 vezë të mëdha, të rrahura
1 kub bujoni viçi
1 qepë e vogël, e grirë hollë

60 ml / 4 lugë gjelle miell i thjeshtë (për të gjitha qëllimet)
45 ml/3 lugë gjelle ketchup domate (catsup)
10 ml / 2 lugë gjelle barishte të thata të përziera
10 ml/2 lugë salcë soje
Gjethet e mentes dhe feta portokalli të qëruara, për zbukurim

Përziejini tërësisht të gjithë përbërësit përveç salcës së sojës. Përhapeni në një enë drejtkëndëshe 1¼ litër/2 pt/5 filxhan të lyer me yndyrë në një tavë (tepsi). Lyejeni sipër me salcë soje. Mbulojeni me mbështjellës plastik (mbështjellës plastik) dhe priteni dy herë për të lejuar që avulli të dalë. Gatuani në të plotë për 10 minuta, më pas lëreni në mikrovalë për 5 minuta. Gatuani në shkrirje për 12 minuta të tjera, duke e kthyer enën katër herë. Lëreni të qëndrojë për 5 minuta, më pas zbuloni dhe kulloni me kujdes yndyrën dhe lëngjet e tepërta, të cilat mund të përdoren për salcat dhe salcat. Lëreni të ftohet, më pas transferojeni me kujdes në një pjatë dhe zbukurojeni me gjethe nenexhiku dhe feta portokalli. Shërbejeni të prerë në feta.

Mish viçi i kikirikut malajzian me kokos

Shërben 4 racione

2 qepë, të grira hollë
1 thelpi hudhër, e shtypur
450 g / 1 lb / 4 filxhanë mish viçi të grirë shtesë (i bluar)

125 g / 4 oz / ½ filxhan gjalpë kikiriku krokant

45 ml / 3 lugë arrë kokosi të tharë (i grirë)

2,5 ml/½ lugë salcë djegës

15 ml / 1 lugë gjelle salcë soje

2.5 ml/½ lugë kripë

300 ml / ½ pt / 1¼ filxhan ujë të valë

175 g / 6 oz / 1½ filxhan oriz, i gatuar

Turshi orientale, për zbukurim (opsionale)

Vendosni qepët, hudhrat dhe mishin në një tavë me 1,5 litër/2½ pt/6 filxhan (furrë holandeze). Përziejini mirë me një pirun, duke u siguruar që mishi të jetë copëtuar mirë. Mbulojeni me mbështjellës plastik (mbështjellës plastik) dhe priteni dy herë për të lejuar që avulli të dalë. Gatuani në të Plotë për 8 minuta, duke e kthyer pjatën dy herë. Zbuloni dhe përzieni të gjithë përbërësit e mbetur përveç orizit. Mbulojeni si më parë dhe gatuajeni në Plotë për 8 minuta të tjera, duke e kthyer enën tre herë. Lëreni të pushojë për 3 minuta. Zbulojeni dhe përzieni, më pas shërbejeni me oriz të zier dhe turshi orientale, nëse dëshironi.

Mish i grirë dhe bukë me majonezë

Shërben 6 racione

Një pjatë kryesore super feste, më luksoze nga sa prisni nga një pjatë kaq e shpejtë për t'u përgatitur.

750 g / 1½ lb / 6 gota mish viçi pa dhjamë (i bluar)

15 ml / 1 lugë gjelle speca të thata të kuqe dhe jeshile (zile).

15 ml/1 lugë majdanoz i grirë

7,5 ml / 1½ lugë kripë qepë

30 ml / 2 lugë gjelle miell i thjeshtë (për të gjitha qëllimet)

60 ml/4 lugë majonezë e trashë

7,5 ml / 1½ lugë mustardë pluhur

5 ml/1 lugë salcë soje

Lyejmë me yndyrë një enë të thellë me diametër 20 cm/8. Bashkoni mishin me të gjithë përbërësit e mbetur dhe shpërndajeni butësisht në pjatë. Mbulojeni me mbështjellës plastik (mbështjellës plastik) dhe priteni dy herë për të lejuar që avulli të dalë. Gatuani në të Plotë për 12 minuta, duke e kthyer enën katër herë. E lemë të pushojë për 5 minuta, më pas e heqim bukën nga pjata me dy spatula duke e lënë yndyrën pas. Transferoni në një pjatë servirjeje të ngrohur dhe priteni në gjashtë pjesë për ta shërbyer.

Mish viçi i pjekur në verë të kuqe

Shërben 4 racione

Një pjatë elegante dhe elegante, veçanërisht kur shërbehet me Pasta Classic ose Patate de Savoia dhe ndoshta zemrat e konservuara të angjinares, të ngrohura me pak gjalpë.

30 ml / 2 lugë gjalpë ose margarinë
2 qepë të mëdha, të grira
1 thelpi hudhër, e shtypur
125 g / 4 oz kërpudha butona, të prera hollë
450 g / 1 lb biftek (majë), i prerë në kubikë të vegjël
15 ml / 1 lugë pure domate (pastë)
15 ml/1 lugë majdanoz i grirë
15 ml / 1 lugë gjelle miell misri (niseshte misri)
5 ml/1 lugë mustardë e fortë
300 ml / ½ pt / 1¼ filxhan verë të kuqe të thatë
5 ml/1 lugë kripë

Vendosni gjalpin ose margarinën në një tavë me diametër 20 cm (furrë holandeze). Shkrini, pa mbuluar, në shkrirje për 1–1½ minuta. Shtoni qepën, hudhrën dhe kërpudhat. Gatuani, pa mbuluar, në gjendje të plotë për 5 minuta. Hidheni biftekun, më pas zhvendoseni përzierjen në skajin e pjatës për të formuar një unazë, duke lënë një zgavër të vogël në qendër. Mbulojeni me një pjatë dhe gatuajeni në Plotë për 5 minuta. Ndërkohë përziejmë purenë e domates, majdanozin, niseshtenë e misrit dhe mustardën. Përziejeni butësisht pak verë të kuqe, pastaj përzieni pjesën tjetër. Përziejeni butësisht në përzierjen e biftekut. Mbulojeni me një pjatë dhe gatuajeni në Plotë për 5 minuta, duke e përzier dy herë. Lëreni të pushojë për 3 minuta. Hidhni kripën dhe shërbejeni më pas.

Fondue me çokollatë

Shërben 3-4

200 g / 7 oz çokollatë e thjeshtë (gjysmë e ëmbël)
150 ml / ¼ pt / 2/3 filxhan krem të dyfishtë (i rëndë)
15 ml / 1 lugë gjelle uiski, rum, raki ose liker portokalli ose 5 ml / 1 lugë esencë vanilje (ekstrakt)
Biskota të vogla, marshmallow dhe/ose copa frutash të freskëta, për t'u shërbyer

Thyejeni çokollatën dhe vendoseni në një tas. Shkrini, pa mbuluar, në shkrirje për 4-5 minuta derisa të zbuten. E përziejmë kremin dhe e ngrohim të pambuluar në shkrirje për rreth 1 ½ minuta. Përzieni alkoolin ose esencën e vaniljes. Shërbejeni të ngrohtë me krisur, marshmallow dhe/ose copa frutash të freskëta për zhytje.

Fondue me çokollatë me portokall

Shërben 3-4

Përgatiteni si për Fondue me çokollatë, por përdorni vetëm Grand Marnier, Mandarine Napolean Liker ose Cointreau. Aromatizojini me 5ml/1 lugë luge lëvozhgë portokalli të grirë imët.

moka fondue

Shërben 3-4

Përgatiteni si për Fondue me çokollatë, por shtoni 15 ml / 1 lugë çaji pluhur kafeje të menjëhershme në krem dhe përdorni vetëm Tia Maria, Kahlua ose esencë kafeje (ekstrakt) për aromatizues.

Fondue me çokollatë të bardhë

Shërben 3-4

Përgatiteni si për Fondue me çokollatë, por zëvendësoni çokollatën e bardhë të thjeshtë (gjysmë të ëmbël) dhe shtoni 30 ml/2 lugë gjelle nga kremi i matur në çokollatë përpara se të shkrihet. Në vend të rakive të sugjeruara, aromatizohuni me esencë vanilje (ekstrakt) ose një liker portokalli.

toblerone fondue

Shërben 3-4

Përgatiteni si për Fondue me çokollatë, por zëvendësoni çokollatën e bardhë, qumështore ose të errët Toblerone me çokollatë të thjeshtë (gjysmë të ëmbël).

mousse me çokollatë mbretërore

bën 10-12

15 ml / 1 lugë gjelle pluhur xhelatine
150 ml/¼ pt/2/3 filxhan ujë të ftohtë
500 g / 1 paund 2 oz çokollatë e thjeshtë (gjysmë e ëmbël) (70% kakao)
30 ml/2 lugë gjelle gjalpë
75 ml / 3 ml oz / 5½ lugë kafeje të fortë të nxehtë
4 vezë, në temperaturë zierje, të ndara
Pak kripë
Pluhur kafeje ose kakao (çokollatë pa sheqer), për t'u shërbyer

Zhyt xhelatinë në një kavanoz qelqi në ujë të ftohtë për 5 minuta. Shkrini, pa mbuluar, në Plotë për 1½–2 minuta derisa lëngu të duket i qartë. Përziejini, më pas lërini mënjanë. Thyejeni çokollatën dhe vendoseni në një tas shumë të madh me gjalpin dhe kafenë. Shkrini, pa mbuluar, në shkrirje për 6 deri në 7 minuta. Shtoni të verdhat dhe xhelatinën e shkrirë. Ftoheni derisa të fillojë të trashet dhe futeni lehtë rreth skajeve. Rrihni të bardhat e vezëve dhe kripën derisa të formohen maja të forta. Hidhni një të tretën në përzierjen e çokollatës, pastaj butësisht dhe butësisht përzieni pjesën e mbetur. Ndani në 10-12 pjata ramekin (kupa krem). Lëreni në frigorifer për disa orë derisa të forcohet. Spërkateni me kafe ose pluhur kakao përpara se ta shërbeni.

Dardha Hollandeze me Mus çokollatë Advocaat

Shërben 6 racione

10 ml / 2 lugë xhelatinë pluhur
30 ml/2 lugë gjelle ujë të ftohtë
100 g / 3½ oz çokollatë e thjeshtë (gjysmë e ëmbël)
2 vezë, në temperaturë zierje, të ndara
150 ml/¼ pt/2/3 filxhan advocaat (liker veze)
425 g / 15 oz / 1 kanaçe e madhe gjysma dardhe në lëng ose shurup, të kulluara
30 ml / 2 lugë gjelle fëstëkë të grirë

Zhyt xhelatinë në një kavanoz qelqi në ujë të ftohtë për 5 minuta. Shkrini, pa mbuluar, në Plotë për 1–1½ minuta derisa lëngu të duket i qartë. Përziejini dhe lëreni mënjanë. Thyejeni çokollatën dhe vendoseni në një tas të veçantë. Shkrini, pa mbuluar, në shkrirje për 3–3½ minuta. Tundeni mirë. Shtoni xhelatinën e tretur, të verdhat e vezëve dhe advocaat. Përziejini derisa të jetë e qetë dhe e njëtrajtshme. Mbulojeni dhe vendoseni në frigorifer derisa të fillojë të trashet dhe të vendoset. Rrihni të bardhat e vezëve deri në maja të forta. Hidhni një të tretën në përzierjen e çokollatës, pastaj palosni pjesën e mbetur me një lugë metalike. Ndani dardhat në gjashtë gota dhe lyejini në mënyrë të barabartë me përzierjen e çokollatës. Ftoheni derisa të forcohet. Spërkateni me arra përpara se ta shërbeni.

Musa me çokollatë tradicionale

Shërben 4 racione

100 g / 3½ oz çokollatë e thjeshtë (gjysmë e ëmbël)
15 ml / 1 lugë gjelle gjalpë pa kripë (i ëmbël)
4 vezë në temperaturë zierje të ndara
Pak kripë
Biskota me gisht sfungjer (Biskota), per servirje

Thyejeni çokollatën dhe vendoseni në një tas 1,25 litër / 2¼ pt / 5½ filxhan me gjalpë. Ngroheni, pa mbuluar, në shkrirje për 3 ½ deri në 4 minuta, duke e përzier një ose dy herë, derisa të shkrihen të dyja. Përzieni të verdhat. Në një tas të veçantë, rrihni të bardhat e vezëve dhe kripën deri në maja të forta. Hidhni një të tretën në përzierjen e çokollatës, pastaj përzieni butësisht pjesën e mbetur me një lugë të madhe metalike. Hidhni me lugë katër gota verë me kërcell. E mbulojmë me letër kuzhine dhe e lëmë të ftohet mirë. Hani me gishta sfungjeri.

Mus me çokollatë portokalli

Shërben 4 racione

Përgatiteni si për Mousse me çokollatë tradicionale, por shtoni 10 ml/2 lugë lugë portokalli të grirë imët me të verdhat e vezëve.

mousse moka

Shërben 4 racione

Përgatiteni si për Mousse me çokollatë tradicionale, por shtoni 10 ml/2 lugë kafe të çastit të grimcuar me të verdhat e vezëve.

mousse me çokollatë mente

Shërben 4 racione

Përgatiteni si për Mousse me çokollatë tradicionale, por shtoni disa pika esencë menteje (ekstrakt) me të verdhat e vezëve. Pak para se ta shërbeni, dekorojeni sipër secilin me krem pana.

ajri i Berlinit

Shërben 6-8

Përgjigja e Gjermanisë ndaj zabaglione të Italisë dhe planprogramit të Britanisë.

4 vezë të mëdha, të ndara

Pak kripë

150 g / 5 oz / 2/3 filxhan sheqer pluhur (shumë i imët)

5 ml / 1 lugë esencë vanilje (ekstrakt)

10 ml / 2 lugë lugë miell misri (niseshte misri)

150 ml/¼ pt/2/3 filxhan verë të bardhë të ëmbël

150 ml / ¼ pt / 2/3 filxhan krem të dyfishtë (i rëndë)

30 ml / 2 lugë gjelle konjak

Biskota me vaferë (biskota) dhe përzierje manaferrash (opsionale), për t'i shërbyer

Rrahim të bardhat e vezëve me kripën derisa të jenë të forta. Rrihni të verdhat e vezëve, sheqerin dhe vaniljen në një tas të madh derisa masa të bëhet e zbehtë dhe e trashë. Përziejini butësisht të bardhat e vezëve.

Përzieni miellin e misrit butësisht me pak verë, më pas përzieni pjesën tjetër. Palosni përzierjen e vezëve. Gatuani, pa mbuluar, në Plotë për 3 ½ minuta, duke e përzier çdo 30 sekonda, derisa masa të bëhet e shkumëzuar dhe të ngjajë me kremin e trashë. Mbulojeni dhe lëreni derisa të ftohet plotësisht. Në një enë të madhe rrihni kremin me rakinë derisa të trashet. Përziejeni gradualisht përzierjen e vezëve. Hidhni me lugë gjashtë deri në tetë pjata individuale ramekin (kupa krem) dhe ftohuni mirë. Shërbejeni me biskota krokante me vaferë dhe shoqëroni, në sezon, me manaferrat e freskëta.

Krem karamel

Shërben 4 racione

Përgatitni një sasi kremi me vezë të ziera. Hidhni salcën e karamelit të blerë në dyqan në katër pjata ramekin të lyer me gjalpë (kupa krem) dhe sipër me kremin e vezëve. Gatuani, pa mbuluar, në shkrirje për 8-9 minuta derisa kremi të zihet. Lëreni të ftohet, pastaj ftoheni mirë. Zhbllokoni në pjata individuale dhe shërbejeni me krem.

Pjeshkë pikante dhe portokall në verë të kuqe

Shërben 6-8

8 pjeshkë të mëdha të pjekura, të qëruara dhe të hequra nga lëkura
Lëng limoni
300 ml / ½ pt / 1 ¼ filxhan verë të kuqe të thatë
175 g / 6 oz / ¾ filxhan sheqer pluhur (shumë i imët)
5 cm / 2 në copa shkop kanelle

4 karafil të tërë

2 bishtaja kardamom

2 portokall të qëruar dhe të prerë në feta të holla

Pritini pjeshkët përgjysmë dhe kthejini për t'u ndarë. Hiqni gurët (gropat). Lyejeni të gjithë mishin me lëng limoni. Përbërësit e mbetur, përveç portokalleve, i vendosni në një pjatë të thellë me diametër 20 cm/8. Mbulojeni me një pjatë të përmbysur dhe ngroheni në Fletë për 4 minuta. I trazojmë që të përzihen. Shtoni pjeshkët, anët e prera poshtë dhe rregulloni fetat e portokallit në mënyrë të rastësishme ndërmjet tyre. Mbulojeni me mbështjellës plastik (mbështjellës plastik) dhe priteni dy herë për të lejuar që avulli të dalë. Gatuani në të Plotë për 10 minuta, duke e kthyer pjatën dy herë. Ftoheni dhe ftoheni përpara se ta shërbeni.

Dardha pikante dhe portokall në verë të kuqe

Shërben 6-8

Përgatituni si për pjeshkë pikante dhe portokall në verë të kuqe, por zëvendësoni pjeshkët me 8 dardha të vogla ëmbëlsirash, të qëruara, të përgjysmuara dhe pa gropa.

Mus me mjedër në dollap

Shërben 6 racione

15 ml / 1 lugë gjelle pluhur xhelatine
30 ml/2 lugë gjelle ujë të ftohtë
425 g / 15 oz / 1 kanaçe e madhe mjedra në shurup, të kulluara dhe me shurup të rezervuar
3 vezë të ndara
45 ml / 3 lugë sheqer pluhur (superfin)
Pak kripë
150 ml / ¼ pt / 2/3 filxhan krem të rëndë
15ml/1 lugë gjelle lajthi të pjekura dhe të grira, për zbukurim

Hidheni xhelatinën në një tenxhere me ujë të ftohtë. E trazojmë dhe e lëmë për 5 minuta që të zbutet. Shkrini, pa mbuluar, në Plotë për 2 minuta derisa lëngu të jetë i pastër. Shtoni shurupin e mjedrës në xhelatinë. Rrihni butësisht të verdhat dhe sheqerin. Mbulojeni dhe vendoseni në frigorifer derisa të fillojë të trashet dhe të vendoset. Rrahim të bardhat e vezëve dhe kripën derisa të jenë të forta. Rrihni kremin derisa të trashet. Hidhni një të tretën e të bardhëve në përzierjen e xhelatinës, më pas përzieni dy të tretat e mjedrave dhe tre të katërtat e kremit. Palosni të bardhat e mbetura të vezëve me një lugë metalike. Kur të jenë të lëmuara dhe të kombinuara mirë, transferojeni në gjashtë pjata ëmbëlsire. Mbulojeni dhe ftoheni derisa të vendoset. Përpara se ta shërbeni, përzieni kremin e mbetur në mjedrat e mbetura dhe përdorni për të dekoruar majat e shkumës.

Krem me vezë, kajsi dhe sheri

Shërben 8 racione

600 ml / 1 pt / 2½ filxhan qumësht të plotë ose gjysmë krem i thjeshtë (i lehtë) dhe gjysmë qumësht

15 ml / 1 lugë gjelle miell misri (niseshte misri)

15 ml / 1 lugë gjelle ujë të ftohtë

4 vezë të mëdha

75 ml / 5 lugë sheqer pluhur (shumë i imët)

5 ml / 1 lugë esencë vanilje (ekstrakt)

2 role zvicerane (pelte) të mbushura me reçel (konserva), të prera hollë

425 g / 15 oz / 1 kajsi e madhe kajsi, e kulluar

30 ml / 2 lugë gjelle sheri të ëmbël

60 ml/4 lugë shurup kajsie

150 ml / ¼ pt / 2/3 filxhan krem të dyfishtë (i rëndë)
Qindra e mijëra, për të dekoruar

Hidheni qumështin në një enë. E ngrohtë, e pambuluar, në Plotë për 2 minuta. Vendosni miellin e misrit dhe ujin në një tas 1,25 litër / 2¼ pt / 5½ filxhan dhe përzieni derisa të bëhet një masë homogjene. Rrihni vezët një nga një. Shtoni 45 ml/3 lugë sheqer pluhur dhe përzieni në qumësht të ngrohtë. Gatuani, pa mbuluar, në Plotë për 5-6 minuta, duke e përzier çdo minutë, derisa kremi të ketë një konsistencë të hollë kremi (të trashet ndërsa ftohet). Përziejini në vanilje. Mbulo dhe rezervo. Vendosni tetë feta rula në anë të një enë qelqi të thellë me diametër 20 cm/8. Rezervoni 8 gjysmat e kajsisë për dekorim dhe pjesën tjetër e prisni përafërsisht. Përdoreni për të mbuluar bazën e enës me rulën e mbetur. Spërkateni me sheri dhe shurup kajsie. E mbulojmë me gjysmën e kremit të nxehtë dhe e lëmë të njomet. Hidhni sipër kremin e mbetur. Mbulojeni dhe vendoseni në frigorifer për 4-5 orë. Përpara se ta servirni rrihni kremin dhe sheqerin e mbetur derisa të trashet. Përdoreni për të dekoruar pjesën e sipërme të gjellës, më pas rregulloni gjysmat e rezervuara të kajsisë sipër. Pluhuri me qindra e mijëra.

Shkurtore e vogël sheri

Shërben 6-8

1 role zvicerane (pelte) e mbushur me reçel (konserva), e prere ne feta holle
45 ml / 3 lugë gjelle sheri të ëmbël
425 g / 15 oz / 1 kanaçe e madhe feta pjeshke ose koktej frutash, shurup i kulluar dhe i rezervuar
45 ml / 3 lugë krem pluhur
30 ml / 2 lugë sheqer pluhur (shumë i imët)
600 ml / 1 pt / 2½ filxhan qumësht të ftohtë
150 ml/¼ pt/2/3 filxhan krem pana
Qindra e mijëra qershi të kuqe të glazura (të sheqerosura).

Vendosni fetat e rulatës mbi bazën dhe gjysmën anësore të një tasi të cekët qelqi. Spërkateni me sheri dhe disa lugë shurup të rezervuar. Mbulojini me frutat e kulluara. Në një enë të thellë vendosim kremin pluhur dhe sheqerin dhe i përziejmë butësisht me pak qumësht të ftohtë. Përzieni pjesën e mbetur. Gatuani, pa mbuluar, në Fletë për 8 minuta, duke e përzier fuqishëm çdo minutë për ta mbajtur kremin të butë. Lëreni të ftohet pak dhe hidheni sipër tartufit. Mbulojeni kur të ftohet dhe ftohet mirë. Përpara se ta shërbeni, zbukurojeni me krem pana, qindra e mijëra qershi të glazura.

Vrojtim:përdorni çdo shurup të mbetur në sallatën e frutave të freskëta.

kek kek me krem çokollate

Shërben 8 racione

Përgatiteni si për kremin me vezë, kajsi dhe sheri, por përdorni 2 role zvicerane të mbushura me çokollatë në vend të atyre të mbushura me reçel. Zëvendësoni sherin me likerin e kafesë dhe kajsitë për gjysmat e dardhës turshi. Spërkateni me çokollatë të grirë ose një copë flake të grimcuar në vend të qindra e mijërave.

Gjakderdhje me pandispanje

Shërben 6-8

Bëni ndonjë nga tre gjërat e mësipërme, por zëvendësoni pandispanjat e blera (8 në një paketë) me bukë zvicerane (Jello). Ndajeni dhe mbusheni me reçel (konserva), krem djathi ose lyerje me çokollatë.

retë me gëzof limoni

Shërben 4-5

300 ml / ½ pt / 1 ¼ filxhan qumësht të ftohtë
25 ml / 1 ½ lugë krem pluhur
15 ml / 1 lugë gjelle sheqer pluhur (shumë i imët)
2 vezë të mëdha, të ndara
1 pako xhelatinë limoni (xhelatinë)
Pak kripë
Frutat e stinës, për të dekoruar

Përzieni pak nga qumështi i ftohtë butësisht me kremin pluhur në një tas të madh. Përzieni pjesën e mbetur. Gatuani, pa mbuluar, në temperaturë të plotë për 3-3½ minuta, duke e përzier çdo minutë për të parandaluar formimin e gungave, derisa masa të vlojë dhe të trashet. Rrihni sheqerin dhe të verdhat. Mbulojeni me një copë mbështjellëse plastike (mbështjellës plastik), duke e vendosur direkt në sipërfaqen e kremës për të parandaluar formimin e një lëkure. Lëreni të ftohet. Pritini xhelatinën në kubikë. Vendoseni në një enë matëse me 60 ml/4 lugë gjelle ujë. Mbulojeni me një tigan dhe shkrini në shkrirje për 2-2½ minuta, duke e përzier dy herë. Plotësoni deri në 300 ml/½ pt/1¼ filxhan me ujë të ftohtë. Hiqni filmin ngjitës nga kremi dhe shtoni pelten e shkrirë. Mbulojeni dhe vendoseni në frigorifer derisa masa të fillojë të trashet dhe të vendoset. Rrahim të bardhat e vezëve dhe kripën derisa të jenë të forta. Hidhni një të tretën në përzierjen e xhelatinës, më pas palosni butësisht pjesën e mbetur me një lugë të madhe metalike ose rrahëse tullumbace. Transferoni në katër ose pesë gota ose pjata ëmbëlsire. Mbulojeni dhe ftoheni derisa të jetë e fortë dhe e fortë. Dekoroni me fruta të freskëta të stinës.

retë me gëzof limoni

Shërben 4-5

Përgatiteni si për Retë me Limon Fluffy, por limon zëvendësoni reçelin e limonit.

borë me mollë

Shërben 4 racione

30 ml/2 lugë gjelle pluhur borziloku me aromë vanilje

450 ml / ¾ pt / 2 gota qumësht të ftohtë
45 ml / 3 lugë sheqer pluhur (superfin)
125 g / 4 oz / ½ filxhan salcë molle e lëmuar (salcë molle)
2 vezë të mëdha, të ndara
Pak lëng limoni
lëkurë limoni të grirë

Hidheni pluhurin e borzilokut në një tas 1,75 litra / 3 pt / 7½ filxhan. Përziejeni butësisht me 60 ml/4 lugë gjelle nga qumështi i matur. Qumështin e mbetur e derdhni në një tas. Ngroheni, pa mbuluar, në Plotë për 4 minuta. Përzieni në përzierjen e borzilokut. Shtoni sheqerin dhe përzieni mirë. Gatuani, pa mbuluar, në Plotë për rreth 2 ½ minuta, duke e rrahur çdo minutë, derisa të jetë e qetë dhe e trashë. Shtoni purenë e mollës dhe të verdhat e vezëve. Mbulojeni dhe lëreni të ftohet deri sa të vakët. Rrihni të bardhat e vezëve dhe lëngun e limonit deri në maja të forta. Hidhni një të tretën në përzierjen e borzilokut, më pas palosni butësisht pjesën e mbetur me një lugë të madhe metalike. Hidhni me lugë katër pjata ose gota. Mbulojeni dhe ftohuni për disa orë. Spërkateni secilën lehtë me lëkurën e limonit përpara se ta shërbeni.

borë kajsi

Shërben 4 racione

Përgatiteni si për Apple Snow, por zëvendësoni purenë e kajsisë (salcën) me purenë e mollës.

Dardha e kalitur me beze limoni

Shërben 6 racione

Në përgjithësi, një paketë surprizë.

75 g / 3 oz / 1/3 filxhan sheqer të butë kafe të lehtë
300 ml / ½ pt / 1 ¼ filxhan ujë
60 ml/4 lugë gjelle verë e bardhë e thatë
5 cm / 2 inç copë shkop kanelle
4 karafil të tërë

6 dardha ëmbëlsirë të fortë

1 pako përzierje mbushëse me marengë limoni

150 ml/¼ pt/2/3 filxhani qumësht, në temperaturën e gatimit

Lëkura e grirë e 1 limoni të vogël

Gjethet e borzilokut, për të dekoruar

Vendosni sheqerin, ujin, verën, shkopin e kanellës dhe karafilin në një enë 1,75 litra / 3 pt / 7½ filxhan. Ngroheni, pa mbuluar, në Plotë për 3 minuta. Lëreni mënjanë. Qëroni dardhat duke i lënë kërcellet në vend. Rregulloni vertikalisht në pjatë dhe spërkatni me përzierjen e salcës së nxehtë. Vendoseni enën në një qese për pjekje dhe lidheni me spango. Gatuani në gjendje të plotë për 7 minuta. Hiqeni nga mikrovala dhe hiqeni enën nga qesja. Kullojeni me kujdes shurupin në një enë matëse. Përzieni përzierjen e mbushjes me limon. Mbulojeni me disk dhe gatuajeni në Plotë për 2-3 minuta, duke e përzier çdo 30 sekonda, derisa masa të vlojë. Lëreni të ftohet për 5 minuta. Shtoni qumështin dhe lëkurën e limonit. Mbuloni dhe ftohni dardhat dhe salcën e limonit për disa orë. Para se t'i shërbeni dardhat i mbuloni me rreth gjysmën e salcës dhe i zbukuroni me gjethe borziloku.

Kamxhiku finlandez i boronicës

Shërben 6 racione

225 gr boronicë, të shkrirë nëse janë të ngrira

150 ml/¼ pt/2/3 filxhan ujë

175 g / 6 oz / ¾ filxhan sheqer pluhur (shumë i imët)

5 ml / 1 lugë gjelle lëvozhgë limoni të grirë

150 ml / ¼ pt / 2/3 filxhan krem të rëndë
150 ml / ¼ pt / 2/3 filxhan krem të dyfishtë (i rëndë)
2 te bardha veze te medha

Vendosni boronicat, ujin, sheqerin dhe lëkurën e limonit në një enë 1,25 litra / 2¼ pt / 5½ filxhan. Mbulojeni me një pjatë dhe ziejini plotësisht për 8½ minuta, duke e trazuar dy herë dhe duke shtypur frutat në anën e pjatës. Lëreni të ftohet plotësisht. Rrihni kremrat së bashku derisa të trashet. Rrihni të bardhat e vezëve deri në maja të forta. Palosni kremin dhe të bardhat e vezëve në mënyrë alternative tek boronicat. Transferoni në gjashtë pjata individuale. Ftoheni pak para se ta shërbeni.

Kamxhik boronicë dhe portokalli

Shërben 6 racione

Përgatiteni si në fshikullin finlandez të boronicës së kuqe, por shtoni 10 ml/2 lugë çaji lëvore portokalli të grirë me lëkurën e limonit.

Kissel

Shërben 4 racione

Përgjigja e Rusisë për blancmange, e bërë nga frutat që rriten të egra në fshat rreth daçave rurale ose shtëpive të pushimit prej druri.

450 g / 1 lb manaferra të buta të përziera
60 ml / 4 lugë gjelle verë të kuqe, lëng molle ose ujë
75 g / 3 oz / 1/3 filxhan sheqer pluhur (shumë i imët)
5 ml / 1 lugë esencë vanilje (ekstrakt)
Qëroni 1 limon, të prerë në rripa
15 ml / 1 lugë gjelle miell misri (miell misri) ose miell patate

30 ml/2 lugë gjelle ujë të ftohtë

Krem i thjeshtë (i lehtë) ose kos i bërë vetë, për t'u shërbyer

Rrihni frutat në një blender ose procesor ushqimi. Shosh për të hequr farat. Hidhni verën, lëngun ose ujin në një enë. Shtoni sheqerin, vaniljen dhe copat e limonit. Mbulojeni me një pjatë dhe gatuajeni në Plotë për 3 ½ minuta, duke e përzier dy herë për të siguruar tretjen e sheqerit. Shtoni purenë e frutave. Mbulojeni si më parë dhe gatuajeni në të plotë për 2 minuta. Kullojeni në një tas të pastër. Përzieni miellin e misrit ose patateve butësisht me ujin. Shtoni në përzierjen e frutave. Gatuani, pa mbuluar, në Fryrë për 2-3 minuta, duke e përzier tre herë, derisa të trashet. Lëreni të ftohet pak. Transferoni në katër pjata ëmbëlsire, mbulojeni dhe ftohuni për disa orë. Vendosni krem ose kos sipër secilit përpara se ta shërbeni.

Kos i bërë në shtëpi

Bën rreth 900 ml/1 ½ pt/3 ¾ filxhanë

900 ml / 1 ½ pikë / 3 ¾ filxhan qumësht të plotë
60 ml / 4 lugë qumësht pluhur i skremuar (qumësht i skremuar pluhur)
150 ml/¼ pt/2/3 filxhan kos të thjeshtë

Hidheni qumështin në një enë. Ngroheni, pa mbuluar, në shkrirje për rreth 4 deri në 5 minuta derisa të jetë e ngrohtë, por jo e nxehtë. Shtoni qumështin e skremuar dhe jogurtin. Për të mbuluar. Lëreni të qëndrojë në një vend të ngrohtë për 12 orë derisa të ngurtësohet - një dollap prej liri është ideal. Ruajeni në frigorifer kur është ftohtë.

vazo me kajsi

Shërben 8 racione

350 g / 12 oz / 2 gota gjysma kajsie të thata
600 ml / 1 pt / 2½ gota ujë të valë
30 ml/2 lugë gjelle ujë me lule portokalli
60 ml / 4 lugë sheqer pluhur, të situr
225 g / 8 oz / 1 filxhan kos të thjeshtë grek të trashë
coulis mjedër

Lani mirë kajsitë dhe futini në ujë të vluar, të mbuluar me një pjatë, për të paktën 6 orë. Kullojini dhe transferojeni në një tas. Shtoni ujë të vluar të matur. Mbulojeni me mbështjellës plastik (mbështjellës plastik) dhe priteni dy herë për të lejuar që avulli të dalë. Gatuani në shkrirje për 25 deri në 30 minuta, duke e kthyer tasin tri herë. Hiqeni nga mikrovala dhe lëreni të ftohet deri sa të vakët. Hidheni në një përpunues ushqimi me ujin e luleve të portokallit dhe sheqerin dhe ndizni makinën derisa përzierja të formojë një pure shumë të butë. Kombinoje me kos dhe lugë në mënyrë të barabartë në tetë pjata ramekin (kupa krem). Mbulojeni dhe ftohuni. Përpara se ta shërbeni, sipër secilit me coulis.

Pots krasitëse

Shërben 8 racione

350 g / 12 oz kumbulla të thata (me kokrra)
600 ml / 1 pt / 2½ gota ujë të valë
30 ml/2 lugë gjelle ujë me lule portokalli
60 ml / 4 lugë sheqer pluhur, të situr
30–45 ml / 2–3 lugë gjelle Armagnac
225 g / 8 oz / 1 filxhan kos të thjeshtë grek të trashë
Arra pekan të grira dhe sheqer demerara, për t'u shërbyer

Lani mirë kumbullat dhe futini në ujë të vluar të mbuluar me një pjatë për të paktën 6 orë. Kullojini dhe transferojeni në një tas. Shtoni ujë të vluar të matur. Mbulojeni me mbështjellës plastik (mbështjellës plastik) dhe priteni dy herë për të lejuar që avulli të dalë. Gatuani në shkrirje për 25 deri në 30 minuta, duke e kthyer tasin tri herë. Hiqeni nga mikrovala dhe lëreni të ftohet deri sa të vakët. Vendosni kumbullat e thata të kulluara, ujin e luleve të portokallit, sheqerin dhe Armagnac në një përpunues ushqimi dhe ndizni makinën derisa përzierja të formojë një pure shumë të butë. Kombinoje me kos dhe lugë në mënyrë të barabartë në tetë pjata ramekin (kupa krem). Mbulojeni dhe ftohuni. Para se ta servirni, spërkatni secilën me arra pecan dhe sheqer demerara.

Jubileu i qershive

Shërben 6 racione

Një nga ekzemplarët e çmuar të Amerikës së Veriut dhe një shfaqje e krijuar për të bërë përshtypje.

400 g / 14 oz / 1 kanaçe e madhe mbushje me qershi të zezë
30 ml/2 lugë gjelle ujë të ftohtë
30 ml / 2 lugë gjelle Kirsch ose Konjak
Akullore me vanilje

Vendosni mbushjen e frutave në një tas dhe përzieni me ujë. Ngroheni, pa mbuluar, në shkrirje për 3 minuta. Përziejini. Përhapeni në mënyrë të barabartë në një pjatë të cekët. Në një pjatë të veçantë, ngrohni shpirtin, pa mbuluar, në shkrirje për 45 sekonda. Hidhni sipër qershitë dhe ndizni me kujdes. Shërbejeni menjëherë mbi lugë akullore.

Frutat jubilare të pyllit

Shërben 6 racione

Përgatiteni si në Jubileun e qershisë, por zëvendësoni mbushjen me mollë dhe manaferra me qershinë e zezë dhe akulloren me luleshtrydhe me vanilje.

Pemë holandeze me çokollatë

Shërben 4 racione

90 ml/6 lugë gjelle advocaat
75 ml / 5 lugë krem i thjeshtë (i lehtë)
2 banane të vogla, të prera në feta të holla
Akullore me vanilje ose çokollatë
1 copë çokollatë, të grimcuar

Hidheni advocaat në një pjatë dhe përzieni kremin. Shtoni bananet. Ngroheni, pa mbuluar, në shkrirje për 3 minuta. Përziejini butësisht.

Hidhni lugët e akullores në pjata me ëmbëlsirë ose filxhanë ëmbëlsirash dhe spërkateni me petën e çokollatës. Hani menjëherë.

Krem Liker Sundaes

Shërben 4 racione

Përgatiteni si për çokollatë holandeze, por zëvendësoni çdo liker krem, sipas shijes, për advocaat.

Pelte rrushi dhe mjedre

Shërben 4 racione

1 pako reçel me mjedër (xhelatinë)
225 g / 8 oz të përzier rrush të zi dhe jeshil pa fara, i larë dhe i kulluar
Biskota vafere (biskota), për servirje

Pritini peltenë në kubikë me gërshërë kuzhine dhe vendoseni në një gotë matëse të mbushur me 60 ml/4 lugë gjelle ujë të ftohtë. Shkrini, pa mbuluar, në shkrirje për 2–2½ minuta. Plotësoni deri në 450 ml/¾ pt/2 filxhanë me ujë të ftohtë. Mbulojeni dhe vendoseni në frigorifer derisa të fillojë të trashet dhe të vendoset – nuk duhet të rrjedhë fare.

Palosni rrushin në reçelin e trashë me një lugë. Ndani në mënyrë të barabartë midis katër pjatave të ëmbëlsirës ose gotave me kërcell. Mbulojeni lirshem me leter kuzhine dhe vendoseni ne frigorifer derisa te perzihet. Shërbejeni me biskota vafere.

Jelly mandarine dhe limon

Shërben 4 racione

Përgatiteni si për peltenë e mjedrës së rrushit, por zëvendësoni me mjedër pelten e limonit (xhelatinë) dhe segmentet e qëruara, të përgjysmuara të mandarinës së freskët, klementinës ose satsumës, të prera në gjysmë për rrushin.

Krem orizi me qershi të zezë

Shërben 4 racione

1 pako reçel qershie të zezë (xhelatinë)
400 g / 14 oz / 1 kanaçe e madhe puding orizi
75 ml / 5 lugë krem i thjeshtë (i lehtë)
30 ml / 2 lugë gjelle reçel qershie të zezë (konserva)

Pritini xhelatinën në kubikë me gërshërë kuzhine dhe vendoseni në një tas matëse. Shkrini, pa mbuluar, në shkrirje për 2–2½ minuta. Shtojmë orizin dhe kremin duke i trazuar lehtë pa e rrahur. Plotësoni deri në 600 ml / 1 pt / 2½ filxhanë me ujë të ftohtë. Mbulojeni lehtë dhe vendoseni në frigorifer derisa të fillojë të trashet dhe të ngurtësohet, duke e përzier shpesh. Ndani në mënyrë të barabartë në katër gota dhe lëreni të qëndrojë plotësisht. Mbushni secilën me 7,5 ml/1½ lugë çaji reçel përpara se ta shërbeni.

Ndarja e bananes

Shërben 4 racione

Rikthimi i diçkaje të veçantë pas një kohe të gjatë larg.

Qëroni 4 banane të mëdha dhe prisni secilën në gjysmë për së gjati. Rregullojini në katër pjata. Vendosni 2 lugë akullore vanilje midis secilës për të bërë një 'sanduiç', më pas vendosni sipër me ndonjë nga recetat e ftohjes së nxehtë. Hidhni në tub ose lugë krem pana dhe shërbejeni menjëherë.

Shkumë pikante kumbulle

Shërben 4 racione

450 ml / ¾ pt / 2 gota lëng kumbullesh
15 ml / 1 lugë gjelle pluhur xhelatine
8 cm / 3 në copa shkop kanelle
2 yje anise
30 ml / 2 lugë marmelatë portokalli të grirë në rende
2 te bardha veze te medha

Pak kripë
30 ml/2 lugë krem pana
Pluhur kanelle

Hidhni 45 ml / 3 lugë gjelle lëng kumbullesh në një tas të vogël. Shtoni xhelatinën dhe përzieni. Prisni 5 minuta që të zbutet. Shkrini, pa mbuluar, në shkrirje për 2–2½ minuta. Lëreni mënjanë. Hidhni lëngun e mbetur të kumbullave të thata në një enë të madhe dhe shtoni shkopin e kanellës, anise dhe marmeladën. Ngroheni, pa mbuluar, në Plotë për 6 minuta ose derisa lëngu të fillojë të flluskojë. Rrihni butësisht xhelatinën e tretur. Kullojeni në një tas të pastër. Mbulojeni me një pjatë dhe lëreni të ftohet, më pas vendoseni në frigorifer derisa të fillojë të trashet dhe të vendoset. Rrahim të bardhat e vezëve dhe kripën derisa të jenë të forta. Hidhni një të tretën në reçelin e kumbullave të thata, më pas palosni mirë të bardhat e mbetura të vezëve me një lugë të madhe metalike ose shpatull. Vendoseni në katër enë qelqi, mbulojeni lirshëm dhe lëreni të qëndrojë për disa orë në frigorifer. Para se të shërbeni,

Portokalle te ftohur me salce çokollate te nxehte dhe nenexhik

Shërben 4 racione

4 portokall të mëdhenj, të qëruar dhe të prerë në feta shumë të holla
Salcë mente me çokollatë të nxehtë
degëza menteje

Qëroni dhe prisni portokallet në feta shumë të holla, duke u siguruar që të gjitha gropat (gropat) të jenë hequr. Vendoseni në katër pjata anësore, mbulojeni dhe ftohni derisa të ftohet pothuajse akull. Menjëherë përpara se ta shërbeni, hidhni salcën mbi secilën dhe zbukurojeni me degë nenexhiku.

myku i frutave të verës

Shërben 4 racione

Ashtu si puding veror në një çast. Është dukshëm e ëmbël e hidhur dhe përfiton nga një rrebesh kremi ose kremi i ëmbëlsuar.

500 g / 1 lb 2 oz fruta të përziera të ngrira të verës
1 pako reçel me mjedër (xhelatinë)

Hidhni frutat në një tas. Mbulojeni me një pjatë dhe shkrini në Defrost për 7 deri në 8 minuta. Hiqeni nga mikrovala. Pritini xhelatinën në kubikë dhe vendoseni në një tas ose kavanoz. Shkrini, pa mbuluar, në shkrirje për 2 ½ minuta. Përzieni frutat. E lemë të ftohet derisa të fillojë të trashet dhe të ngurtësohet duke e përzier vazhdimisht në mënyrë që frutat të pezullohen në pelte. Transferoni në një kallëp ose legen të lagur dhe mbulojeni. Lëreni në frigorifer derisa të forcohet dhe të vendoset plotësisht. Përmbyseni në një pjatë dhe shërbejeni.

Ftohje shalqini dhe kajsie me rrush të ngrirë

Shërben 4 racione

150 ml/¼ pt/2/3 filxhan verë të bardhë të ëmbël

150 ml / ¼ pt / 2/3 filxhan lëng rrushi të bardhë

Qëroni 1 gëlqere, të prerë në shirita të ngushtë

175 g / 6 oz / 1 filxhan kajsi të thata, të lara mirë dhe të prera në rripa

5 ml / 1 lugë esencë vanilje (ekstrakt)

2.5 ml/½ lugë esencë bajame (ekstrakt)

1 shalqi i kuq i madh i prerë në feta

4 tufa rrushi të zi pa fara

1 e bardhë veze e vogël, e rrahur lehtë

Sheqer i rafinuar (shumë i hollë)

Hidhni verën dhe lëngun e rrushit në një tas 1,25 litër / 2¼ pt / 5½ filxhan. Shtoni gjysmën e lëkurës së limonit. Ngroheni, pa mbuluar, në Plotë për 4 minuta. Shtoni shiritat e kajsisë. Gatuani, pa mbuluar, në gjendje të plotë për 2 minuta. Shtoni thelbin (ekstraktin) e vaniljes dhe bajames. Mbulojeni dhe lëreni të ftohet. Ftoheni plotësisht kur është ftohtë. Pritini mishin e shalqinit nga lëvorja dhe hiqni të gjitha farat e zeza. Pritini mishin në kubikë të vegjël. Lëreni mënjanë. Lani dhe thani rrushin, por lërini të ngjitur në kërcell. I lyejmë në të bardhat e vezëve për t'u lyer, më pas i lyejmë me sheqer pluhur. Lëreni të thahet dhe vendoseni për të paktën një orë. Shtoni pjepërin në përzierjen e kajsisë dhe transferojeni në katër pjata qelqi ëmbëlsirë. Mbi secilin me një tufë rrushi të ngrirë dhe lëvozhgën e mbetur të limonit, të prerë në shirita të ngushtë.

Kupa me raven dhe mandarinë

Shërben 6 racione

450 g/1 lb raven, i prerë dhe i prerë

300 g / 11 oz / 1 kanaçe e madhe mandarina në shurup

60 ml / 4 lugë sheqer të grimcuar

5 ml / 1 lugë e vogël lëvozhgë portokalli të grirë

Akullore me mjedër ose luleshtrydhe

Vendoseni raven në një enë 1,25 litra / 2¼ pt / 5½ filxhan me 30 ml / 2 lugë shurup mandarine dhe të gjithë sheqerin. Mbulojeni me një pjatë dhe gatuajeni në Plotë për 7-9 minuta derisa raven të zbutet. Zbuloni dhe përzieni mandarinat e kulluara dhe lëkurën e portokallit. Mbulojeni dhe lëreni të ftohet, më pas vendoseni në frigorifer për disa orë. Hidheni në gjashtë gota mbi lugë akullore dhe hani menjëherë.

Kupa me raven dhe mandarinë me krem xhenxhefili

Shërben 6 racione

450 g/1 lb raven, i prerë dhe i prerë
300 g / 11 oz / 1 kanaçe e madhe mandarina në shurup
60 ml / 4 lugë sheqer të grimcuar
5 ml / 1 lugë e vogël lëvozhgë portokalli të grirë
5 ml/1 lugë gjelle reçel xhenxhefili (konserva)
90 ml / 6 lugë krem i dyfishtë (i rëndë), i rrahur
Akullore me vanilje

Vendoseni raven në një enë 1,25 litra / 2¼ pt / 5½ filxhan me 30 ml / 2 lugë shurup mandarine dhe të gjithë sheqerin. Mbulojeni me një pjatë dhe gatuajeni në Plotë për 7-9 minuta derisa raven të zbutet. Zbuloni dhe përzieni mandarinat e kulluara dhe lëkurën e portokallit. Mbulojeni dhe lëreni të ftohet, më pas vendoseni në frigorifer për disa orë. Përziejmë reçelin lehtë në krem. Hidhni me lugë përzierjen e ravenit dhe mandarinës në gjashtë lugë akullore dhe sipër secilës me 25 ml/1 ½ lugë gjelle krem xhenxhefili. Hani menjëherë.

Luleshtrydhe me çokollatë në akullore me ananas

Shërben 4 racione

175 g / 6 oz çokollatë e thjeshtë (gjysmë e ëmbël)

15 g/½ oz/1 lugë gjelle gjalpë pa kripë (i ëmbël)
16 deri në 20 luleshtrydhe të mëdha, të qëruara, të lara dhe të thara
Akullore ananasi

Thyejeni çokollatën dhe vendoseni në një pjatë me gjalpë. Shkrini, pa mbuluar, në shkrirje për rreth 3 ½ minuta. Nëse çokollata është e ngurtësuar, jepni 10 sekonda shkrirje derisa të mbarojë - mos e ngrohni tepër ose çokollata do të bëhet kokrra. Duke mbajtur çdo luleshtrydhe nga lëkura dhe bishti i gjelbër, rrotullojeni në çokollatë derisa të mbulohet tre të katërtat. Vendoseni në një fletë pjekjeje të veshur me letër furre (të depiluar) dhe lëreni të ftohet për të qëndruar. Për t'i shërbyer, hidhni lugët e akullores në katër pjata ëmbëlsire qelqi dhe sipër secilës me luleshtrydhe.

tortë daneze me mollë

Shërben 4-6

Një mik i vjetër nga Danimarka dhe një gjilpërë shumë e bukur - jo si tortë nga distanca.

750 g / 1½ lb mollë të tharta, të qëruara dhe të prera në feta
45 ml / 3 lugë gjelle ujë të vluar
90 ml / 6 lugë gjelle sheqer pluhur (shumë i imët)
125 g / 4 oz / ½ filxhan gjalpë
100 g / 3½ oz / 1¾ filxhan bukë të freskët të bardhë
30 ml / 2 lugë gjelle sheqer kafe të lehtë
150 ml / ¼ pt / 2/3 filxhan krem të dyfishtë (i rëndë)
15 ml / 1 lugë gjelle qumësht
20–60 ml/4–6 lugë gjelle pelte të kuqe (konserva)

Vendosini fetat e mollës në një enë 1,75 litër/3 pt/7½ filxhan me ujë të vluar. Mbulojeni me një pjatë dhe gatuajeni në Plotë për 7-8 minuta derisa të zbuten shumë. Rrihni derisa të formohet një tul, më pas përzieni me sheqer pluhur. Lëreni mënjanë. Shkrini gjalpin në një tigan (tigan). Shtoni thërrimet e bukës dhe skuqeni (skuqni) në mënyrë konvencionale derisa të marrin ngjyrë të lehtë. Përzieni sheqerin kaf. Lëreni të ftohet. Mbushni katër deri në gjashtë sonda ose gota të tjera të gjata me shtresa të alternuara mollësh dhe thërrimesh, duke përfunduar me thërrime. Rrihni ajkën dhe qumështin derisa të jenë të forta. Mblidhni sipër çdo shërbimi dhe shtoni 5 ml/1 lugë çaji reçel në çdo shërbim.

fshatare me vello

Shërben 4-6

Një variant i tortës daneze me mollë, kjo është gjithashtu daneze, por përdor 5 feta bukë thekre të thërrmuar në vend të bukës së bardhë. Përndryshe, përbërësit dhe metoda janë të njëjta.

oriz perandorak

Shërben 6-8

Një recetë e vjetër tradicionale franceze, e thjeshtuar nga përdorimi i përbërësve të qilarit.

400 g / 14 oz / 1 kanaçe e madhe puding orizi

400–450 g / 14–16 oz / 1 krem i madh kanaçe

25 ml / 1 ½ lugë gjelle pluhur xhelatine

125 ml / 4 ml oz / ½ filxhan ujë të ftohtë

60 ml/4 lugë gjelle reçel i butë kajsie (konserva)

5 ml / 1 lugë esencë vanilje (ekstrakt)

2.5 ml/½ lugë esencë bajame (ekstrakt)

30 ml / 2 lugë gjelle qershi të ëmbëlsuar në ngjyra të ndryshme, të grira trashë

Kombinoni pudingun e orizit dhe kremin në një tas 2 litra / 3½ pt / 8½ filxhan. Vendoseni xhelatinën në një tas të vogël dhe përzieni gjysmën e ujit. Ngroheni, pa mbuluar, në shkrirje për 1¾–2 minuta derisa të shkrihet dhe lëngu të jetë i pastër. Shtoni ujin e mbetur. Hidheni butësisht në përzierjen e orizit dhe kremit. Vendoseni reçelin në një tas të vogël bosh. Ngroheni, pa mbuluar, në shkrirje për 1–1½ minuta. Shtoni në përzierjen e orizit me esencën e vaniljes dhe bajames (ekstrakt). Mbulojeni dhe ftoheni në pikën e caktuar. Mblidhni qershitë. Shpëlajeni një kallëp xhelatine (xhelatinë) 1,5 litër/2½ pt/6 filxhan me ujë të ftohtë dhe më pas mbusheni me përzierjen e orizit. Mbulojeni dhe ftoheni derisa të jetë e fortë dhe e fortë. Zhbllokoni dhe shërbejeni me ndonjë nga salcat e frutave.

mousse frutash për fëmijë

Shërben 4-6

Një ëmbëlsirë e lehtë dhe ekonomike që arriti kulmin në vitet pesëdhjetë.

1 pako reçel luleshtrydhe (xhelatinë)
300 ml / ½ pt / 1 ¼ filxhan ujë të ftohtë
175 ml / 6 ml oz / 1 kanaçe e vogël qumësht i plotë i avulluar, i ftohur gjatë natës në frigorifer
30 ml / 2 lugë lëng limoni të freskët ose në shishe
Krem pana dhe fruta, për zbukurim (opsionale)

Pritini xhelatinën në kubikë dhe vendoseni në një enë matëse. Mbulojeni me një pjatë dhe shkrijeni në shkrirje për 2-2½ minuta. Përziejeni gradualisht në ujë. Mbajeni të mbuluar dhe vendoseni në frigorifer derisa të fillojë të trashet. Rrihni qumështin e avulluar të ftohur derisa të bëhet i lehtë dhe i shkumëzuar. Shtoni pak nga pak lëngun e limonit dhe vazhdoni ta rrahni derisa qumështi të trashet në masën e kremës së rrahur. Përzieni xhelatinën ende të lëngshme lehtë, por butësisht. Transferoni në katër deri në gjashtë pjata të vogla dhe vendoseni në frigorifer derisa të vendoset. Nëse dëshironi, dekorojeni me krem dhe/ose fruta të konservuara ose të freskëta.

Mus me mjedër dhe rrush pa fara

Shërben 4 racione

Një version më i sofistikuar i Mousse me fruta për fëmijë që mund t'u shërbehet me siguri të rriturve.

1 pako reçel me mjedër (xhelatinë)
150 ml/¼ pt/2/3 filxhan ujë të ftohtë
150 ml/¼ pt/2/3 filxhan pure me mjedër e bërë nga mjedra të freskëta ose të ngrira
175 ml / 6 ml oz / 1 kanaçe e vogël qumësht i plotë i avulluar, i ftohur gjatë natës në frigorifer
30 ml / 2 lugë lëng limoni të freskët ose në shishe
Krem pana dhe rrush pa fara të freskëta, për zbukurim

Pritini xhelatinën në kubikë dhe vendoseni në një enë matëse. Mbulojeni me një pjatë dhe shkrijeni në shkrirje për 2-2½ minuta. Hidhni gradualisht ujin dhe purenë e mjedrës. Mbajeni të mbuluar dhe vendoseni në frigorifer derisa të fillojë të trashet. Rrihni qumështin e avulluar të ftohur derisa të bëhet i lehtë dhe i shkumëzuar. Shtoni pak nga pak lëngun e limonit dhe vazhdoni ta rrahni derisa qumështi të trashet në masën e kremës së rrahur. Përzieni xhelatinën ende të lëngshme lehtë, por butësisht. Tundeni në katër gota verë dhe vendoseni në frigorifer derisa të vendoset. Dekoroni me krem dhe rrush pa fara.

Uellsia Rarebit

Shërben 2 racione

125 g / 4 oz / 1 filxhan djathë çedër, i grirë
5 ml/1 lugë çaji pluhur mustardë
5 ml / 1 lugë çaji miell misri (niseshte misri)
1 e verdhe veze
10 ml / 2 lugë çaji qumësht
Kripë dhe piper i zi i sapo bluar
2 feta të mëdha të freskëta të thekura në feta
Paprika

Përzieni djathin me mustardën, miellin e misrit, të verdhën e vezës dhe qumështin. Sezoni sipas shijes. Përhapeni mbi tost. Transferoni në pjata individuale. Gatuani një nga një, pa mbuluar, në Plotë për 1 minutë. Spërkateni lehtë me paprika dhe hani menjëherë.

Djathë i rrallë i përzier

Shërben 2 racione

Përgatiteni si për Uells Rarebit, por zëvendësoni 50 g/2 oz/½ filxhan djathë Stilton të thërrmuar për gjysmën e Cheddar.

Buck Rarebit

Shërben 2 racione

Përgatiteni si për Uells Rarebit, por sipër çdo fete me një vezë të skuqur (të skuqur), qoftë në mikrovalë ose të gatuar në mënyrë konvencionale.

Proshutë e rrallë

Shërben 2 racione

Vendosim 4 feta proshutë (feta) në një pjatë dhe mbulojmë me letër kuzhine. Gatuani në të plotë për 2 minuta e gjysmë. Përgatisni Uells Rarebit dhe sipër çdo fete me 2 feta proshutë.

Birrë e rrallë

Shërben 4 racione

Pak më e zbukuruar, kjo është një meze e lehtë mesdite ose mbrëmjeje.

25 g / 1 oz / 2 lugë gjelle gjalpë ose margarinë, në temperaturën e gatimit

5 ml / 1 lugë mustardë e butë

2.5 ml/½ lugë salcë Worcestershire

5 ml/1 lugë domate ketchup (catsup)

225 g / 8 oz / 2 gota djathë çedër, i grirë

45 ml / 3 lugë birrë të errët

4 feta dolli të sapobërë

1 domate e madhe, e prerë në feta

Majdanoz i grirë

Proshutë dhe vezë, të skuqura (të skuqura) ose të ziera (sipas dëshirës), për t'u shërbyer

Kombinoni gjalpin ose margarinën me mustardën, salcën Worcestershire, ketchup, djathin dhe birrën. Përhapeni sasi të barabarta mbi bukë të thekur. Transferoni në katër pjata individuale. Gatuani, të zbuluar një nga një, në Plotë për 1 minutë. Shtoni fetat e domates dhe një majë majdanoz. Nëse dëshironi, sipër me proshutë dhe/ose vezë.

Sanduiçe të hapura me sallam hungareze

Shërben 4 racione

Këto bazohen në një recetë të gjetur në një fletëpalosje në një panair hungarez të mbajtur në Londër. Tymi delikat i sallamit u jep sanduiçeve një ndjesi kontinentale.

4 qepë (qepëza), të grira hollë
75 g / 3 oz sallam hungarez, i prerë dhe i copëtuar
175 g / 6 oz / 1½ filxhan djathë Emmentaler, i grirë imët
2 të verdha
4 feta të mëdha të thekura të freskëta të prera
Feta kastraveci turshi, për zbukurim

Vendosim qepën dhe sallamin në një enë dhe përziejmë me djathin dhe të verdhat e vezëve. Përhapeni mbi tost. Gatuani një nga një, pa mbuluar, në Plotë për 1-1½ minuta derisa djathi të shkrihet. Shërbejeni menjëherë.

granola

Bën rreth 750 g / 1½ lb / 6 gota

Ashtu si muesli i thatë, i ëmbël me një kërcitje dhe kërcitje të veçantë, ky është një import nga Amerika e Veriut, ku konsumohet si drithëra mëngjesi me qumësht ose si meze në vend të biskotave (biskotave). Ushqimi dietik nuk është, por mund të shijohet si një trajtim i rastësishëm i fundjavës.

125 g / 4 oz / ½ filxhan gjalpë ose margarinë
90 ml / 6 lugë gjelle shurup ari (misër i lehtë)
250 g / 9 oz / 2 ¼ filxhan bollgur
45 ml / 3 lugë krunde të trashë
100 g / 3½ oz / pak ½ filxhan sheqer të butë kafe të lehtë
75 g / 3 oz / ¾ filxhan arra të copëtuara
100 g / 3½ oz / 2/3 filxhan rrush të thatë

Vendosni gjalpin ose margarinën në një tavë me diametër 25 cm/10 (furrë holandeze). Shtoni shurupin. Shkrini, pa mbuluar, në shkrirje për 4 minuta. Përziejini të gjithë përbërësit e mbetur përveç rrushit të thatë. Gatuani, pa mbuluar, në Plotë për 9½ minuta, duke e përzier katër ose pesë herë, derisa granola të skuqet lehtë. Shtoni rrushin e thatë dhe përzieni mirë. Lëreni të qëndrojë derisa të ftohet dhe të bëhet krokant, më pas shpërthejeni me një pirun derisa të bëhet i thërrmueshëm. Ruani në një enë hermetike.

granola e mjaltit

Bën rreth 750 g / 1½ lb / 6 gota

Përgatiteni si Granola, por shurupin zëvendësoni me mjaltë të pastër.

Qull

Për 1 shërbim: vendosni 25 g / 1 oz / ¼ filxhan bollgur në një tas me drithëra. Shtoni 150 ml/¼ pt/2/3 filxhan qumësht ose ujë të ftohtë dhe pak kripë. Gatuani, pa mbuluar, në gjendje të plotë për 1¾–2 minuta, duke e përzier dy herë. Lëreni të pushojë për 1 ½ minutë para se të hani.

Për 2 porcione në 2 tasa: përgatiteni si për 1 racion, por gatuajeni në të plotë për 3–3½ minuta.

Për 3 racione në 3 tasa: përgatiteni si për 1 racion, por gatuajeni në Plotë për 3½ –4 minuta.

proshutë

Proshuta i përgjigjet mirë gatimit në mikrovalë dhe zvogëlohet më pak se i pjekur në skarë (i pjekur në skarë) ose i skuqur (i skuqur). Vendosni fletën e pjekjes ose fetat (fetat) në një shtresë të vetme në një pjatë dhe mbulojeni lehtë me letër kuzhine për të parandaluar spërkatjet dhe rrëmujën në furrë. Koha e kërkuar e gatimit do të ndryshojë në varësi të llojit dhe trashësisë së proshutës, por ky është një udhëzues i përgjithshëm:

1 **kruajtëse:** gatuajeni në gjendje të plotë për 45-60 sekonda

2 **shije:** gatuajeni në të Plotë për 1½–1¾ minuta

3 **shije:** gatuajeni në Plotë për 2–2 ¼ minuta

4 **shije:** gatuajeni në të Plotë për 2½–2¾ minuta

5 **lëkura:** gatuajeni në të Plotë për 3–3½ minuta

6 **shije:** gatuajeni në gjendje të plotë për 4–4 minuta e gjysmë

Kulloni proshutën në letër të pastër kuzhine pasi ta keni gatuar.

Salcë e bardhë bazë

Shërben 4 racione

Salca e gjithanshme dhe e gjithanshme e veshjes e njohur dhe e vlerësuar ndërkombëtarisht për strukturën e saj të lëmuar, prej kadifeje dhe pamjen me shkëlqim.

300 ml / ½ pt / 1¼ filxhan qumësht
25 g / 1 oz / 2 lugë gjelle gjalpë ose margarinë
25 g / 1 oz / ¼ filxhan miell të thjeshtë (për të gjitha qëllimet)
Kripë dhe piper i zi i sapo bluar ose sheqer i grirë (shumë i imët)

Hidheni qumështin në një tenxhere dhe ngroheni të pambuluar në Plotë për 2 minuta. Vendosni gjalpin ose margarinën në një tas 900 ml / 1½ pt / 3¾ filxhan. Shkrini, pa mbuluar, në shkrirje për 1 minutë. Përzieni miellin për të formuar një roux. Nxehtësia, e pambuluar, në Plotë për 30 sekonda. Hiqeni nga mikrovala dhe hidhni gradualisht qumështin e ngrohtë. Gatuani, pa mbuluar, në temperaturë të plotë për 3-4 minuta, duke e përzier çdo minutë për butësi maksimale, derisa salca të vlojë dhe të trashet. Rregullojini sipas shijes me kripë dhe piper për një salcë të shijshme dhe sheqer pluhur për një të ëmbël.

Salcë beshamel

Shërben 4 racione

Ky është versioni aristokratik i Salcës së Bardhë Basic, i quajtur pas një administratori të Louis XIV. Është e rëndësishme në kuzhinat e mëdha të botës perëndimore dhe është jashtëzakonisht e lehtë për t'u bërë. Përdoreni vetëm për pjata të shijshme.

300 ml / ½ pt / 1¼ filxhan qumësht
1 buqetë garni
1 gjethe dafine
1 qepë e vogël, e qëruar dhe e prerë në katërsh
2 degëza të mëdha majdanoz
1,5 ml/¼ lugë arrëmyshk i grirë
25 g / 1 oz / 2 lugë gjelle gjalpë ose margarinë
25 g / 1 oz / ¼ filxhan miell të thjeshtë (për të gjitha qëllimet)
Kripë dhe piper i zi i sapo bluar

Hidheni qumështin në një enë 900 ml/1½ pt/3¾ filxhan. Shtoni buqetën garni, gjethen e dafinës, qepën, majdanozin dhe arrëmyshkun. Mbulojeni me një tigan dhe lëreni të vlojë, duke lënë 5 deri në 6 minuta të shkrihet. Hiqeni nga mikrovala, mbajeni të mbuluar dhe lëreni të ftohet deri sa të vakët. Shumëllojshmëri. Vendosni gjalpin ose margarinën në një tas 900 ml / 1½ pt / 3¾ filxhan. Shkrini, pa mbuluar, në shkrirje për 1 minutë. Përzieni miellin për të formuar një roux. Nxehtësia, e pambuluar, në Plotë për 30 sekonda. Hiqeni nga mikrovala dhe përzieni gradualisht qumështin me aromë. Gatuani, pa mbuluar, në temperaturë të plotë për 3-4 minuta, duke e përzier çdo minutë për butësi maksimale, derisa salca të vlojë dhe të trashet. I rregullojmë sipas shijes me kripë dhe piper.

salcë kaper

Shërben 4 racione

Për patina, harengë, skumbri dhe qengji.

Përgatiteni si për salcën e bardhë bazë, por shtoni 20 ml/4 lugë kaperi të kulluar dhe të copëtuar në gjysmë të kohës së gatimit.

Salcë djathi

Shërben 4 racione

Për proshutë dhe proshutë, peshk, shpendë dhe perime.

Përgatiteni si për salcën e bardhë bazë, por shtoni 50–75 g/2–3 oz/½–¾ filxhan djathë të fortë të grirë dhe 5 ml/1 lugë mustardë të bërë në gjysmë të kohës së gatimit.

Salca Mornay

Shërben 4 racione

Një lidhje e ngushtë me salcën e djathit, gjithashtu për proshutën dhe proshutën, peshkun, shpendët dhe perimet.

Përgatiteni si për salcën e bardhë bazë, por përdorni qumësht të kalitur me kripë dhe piper të zi të sapo bluar dhe shtoni 50–75 g/2–3 oz/½–¾ filxhan djathë Gruyere (zvicerian) të grirë në gjysmë të kohës së gatimit.

salcë veze

Shërben 4 racione

Njihet gjithashtu si salca holandeze e vezëve ose mock Hollandaise. Për peshkun dhe shpendët.

Përgatiteni si për salcën e bardhë bazë, por shtoni 2 vezë të ziera të copëtuara me erëza.

salcë kërpudhash

Shërben 4 racione

Për gatimet e peshkut dhe shpendëve dhe vezëve si omletat.

Ngrohni 50 g / 2 oz / ½ filxhan kërpudha të prera hollë me 10 ml / 2 lugë gjelle gjalpë mbi Plotë për 1½ minutë. Përzieni në salcën e bardhë bazë të përgatitur në gjysmë të kohës së gatimit. Sezoni sipas shijes me arrëmyshk të bluar.

Salcë mustardë

Shërben 4 racione

Shërbejeni me mish derri dhe fyell, të brendshme dhe peshk me vaj si skumbri dhe harengë.

Përgatiteni si për salcën bazë të bardhë, por shtoni 10-15 ml/2-3 lugë mustardë angleze dhe 10 ml/2 lugë çaji lëng limoni me erëza.

Salcë qepë

Shërben 4 racione

Për mish qengji të pjekur në skarë dhe të pjekur.

Prisni 1 qepë dhe vendoseni në një enë të vogël me 25 ml/1 ½ lugë gjelle ujë të ftohtë dhe 1,5 ml/¼ lugë kripë. Mbulojeni me mbështjellës plastik (mbështjellës plastik) dhe priteni dy herë për të lejuar që avulli të dalë. Gatuani në të Plotë për 4-5 minuta derisa të zbuten. Përzieni në salcën e bardhë bazë të përgatitur.

salcë majdanozi

Shërben 4 racione

Për peshkun, perimet, shpendët dhe proshutën e gatuar.

Përgatiteni si për salcën e bardhë bazë, por shtoni 45–60 ml/3–4 lugë majdanoz të grirë me erëza.

salcë lakërishte

Shërben 4 racione

Për peshkun dhe shpendët.

Përgatiteni si për salcën e bardhë bazë, por shtoni 45–60 ml/3–4 lugë gjelle lakërishtë të copëtuar me erëza.

duke derdhur salcën

Shërben 4 racione

Përgatiteni si për salcën e bardhë bazë, por zvogëloni miellin në 15 g/½ oz/1 lugë gjelle. I rregullojmë me kripë dhe piper dhe e përdorim si salcë të bardhë ose e ëmbëlsojmë me sheqer dhe e servirim mbi puding të zier në avull ose të pjekur.

Salca të gjitha në një

Shërben 4 racione

Një version me shpejtësi të lartë të salcës së bardhë bazë.

25 g / 1 oz / ¼ filxhan miell të thjeshtë (për të gjitha qëllimet)
300 ml / ½ pt / 1 ¼ filxhan qumësht
25 g / 1 oz / 2 lugë gjelle gjalpë ose margarinë
Kripë dhe piper i zi i sapo bluar ose sheqer i grirë (shumë i imët)

Rrihni miellin në qumësht në një enë, më pas shtoni gjalpin ose margarinën. Gatuani, pa mbuluar, në Plotë për 6-6½ minuta, duke e përzier katër ose pesë herë, derisa të jetë e trashë dhe e lëmuar. Shije për shije.

Salcë Hollandeze

Shërben 6-8

Një nga salcat e shkëlqyera të kohës sonë, holandez i bërë në mënyrë konvencionale kërkon aftësi dhe mjeshtëri të kuzhinës. Në mikrovalë ai sillet sikur të ishit një kuzhinier me shkëlqim të padiskutueshëm. Përdoreni me salmon të zier dhe troftë, brokoli dhe lulelakër, me angjinare dhe shparg.

125 g / 4 oz / ½ filxhan gjalpë pak të kripur
15 ml / 1 lugë gjelle lëng limoni, i kulluar
2 të verdha
Kripë dhe piper i zi i sapo bluar
Një majë sheqer pluhur (i imët)

Vendosni gjalpin në një kavanoz ose enë 900 ml / 1½ pt / 3¾ filxhan. Shkrini, pa mbuluar, në Plotë për 1 ½ minuta derisa të nxehet dhe të fryjë. Shtoni lëngun e limonit dhe të verdhat e vezëve dhe i rrahim mirë. Kthehuni në mikrovalë dhe gatuajeni në gjendje të plotë për 30 sekonda. Përziejeni shpejt. Salca është gati kur të jetë e trashë sa kremi i ftohtë dhe të ngjitet në kamxhik; nëse jo, gatuajeni edhe 15 sekonda.

I rregulloni sipas shijes dhe shtoni sheqer për të neutralizuar aciditetin e lëngut të limonit. Shërbejeni të nxehtë. Shikoni me shumë kujdes kohën e gatimit, sepse holandaise që refuzon të trashet dhe duket e gjizë është pjekur shumë. Një ilaç është rrahja në 30–45 ml/2–3 lugë gjelle ujë shumë të ftohtë; një e dytë është rrahja në 30 ml/2 lugë gjelle krem i rëndë (i rëndë);

Shkurtorja e salcës Bearnaise

Shërben 6-8

Rekomandohet për biftekë të rrallë dhe mish viçi të pjekur.

Përgatiteni si për salcën Hollandaise, por zëvendësoni uthullën e verës me lëngun e limonit dhe shtoni 2,5 ml/½ lugë estragon të thatë me erëzat dhe sheqerin.

salcë malteze

Shërben 6-8

Për peshqit dhe shpendët e ujërave të ëmbla.

Përgatiteni si për salcën Hollandaise, por përzieni 5 ml/1 lugë çaji lëvore portokalli të grirë imët me erëzat dhe sheqerin.

salcë majonezë

Jep 600 ml / 1 pt / 2½ gota

Për shkak të shqetësimeve aktuale që lidhen me ngrënien e të verdhës së vezëve të papërpunuara, vezët në këtë majonezë përzihen me një lëng shumë të nxehtë, i cili është i barabartë me të gatuar pjesërisht dhe për këtë arsye më i sigurt se majoneza standarde e bërë në shtëpi e bazuar në të verdhat e vezëve tërësisht të papërpunuara. Tekstura është më e hollë se majoneza tradicionale, por kur është e ftohtë është mjaft e trashë për të lyer bukur ushqimin. Është gjithashtu e shkëlqyeshme si një salcë përzierjeje me sallata lakër dhe patate.

600 ml / 1 pt / 2½ filxhan vaj luledielli ose luledielli
30 ml / 2 lugë gjelle lëng limoni
15 ml / 1 lugë gjelle verë ose uthull musht
2,5 ml/½ lugë e vogël sheqer i grirë (shumë i imët)
15–20 ml/3–4 lugë kripë
5 ml/1 lugë mustardë e bërë
2 vezë të mëdha

Vendosni 75 ml/5 lugë vaj në një tas të vogël. Shtoni lëngun e limonit, uthullën, sheqerin, kripën dhe mustardën. Ngroheni, pa mbuluar, në shkrirje për 3-4 minuta derisa të nxehet. Thyeni vezët në një blender dhe shtoni në përzierjen e vajit të nxehtë. Vëreni makinën derisa të jetë e qetë. Me makinën ende në punë, por kapakun e hequr, shtoni vajin e mbetur në një rrjedhë të hollë dhe të qëndrueshme. Transferoni në një tas. Mbulojeni dhe ftoheni derisa të jetë e ftohtë dhe e trashë. Mbajeni në frigorifer në një shishe me vidë dhe përdorni sipas nevojës.

salcë kokteji

Jep 600 ml / 1 pt / 2½ gota

Një klasik i ushqimit të detit.

Përgatiteni si për salcën e majonezës. Pasi të trashet, përzieni 30 ml/2 lugë pure domate (pastë), 10 ml/2 lugë rrikë, pak salcë piper djegës si Tabasco dhe 5 ml/1 lugë salcë Worcestershire.

Salcë Louis

Jep 600 ml / 1 pt / 2½ gota

Një salcë San Francisko e krijuar në fillim të shekullit të 20-të nga një kuzhinier i quajtur Louis Diat. Është posaçërisht për sallatën e gaforreve.

600 ml / 1 pt / 2½ filxhan vaj luledielli ose luledielli
30 ml / 2 lugë gjelle lëng limoni
15 ml / 1 lugë gjelle verë ose uthull musht

2,5 ml/½ lugë e vogël sheqer i grirë (shumë i imët)
15–20 ml/3–4 lugë kripë
5 ml/1 lugë mustardë e bërë
2 vezë të mëdha
Salcë piper ose djegës
60 ml / 4 lugë krem pana me rrahje të butë
¼ piper zile jeshile, me fara dhe të prera
15 ml / 1 lugë gjelle qiqra të copëtuara
Lëng ½ limoni të vogël

Vendosni 75 ml/5 lugë vaj në një tas të vogël. Shtoni lëngun e limonit, uthullën, sheqerin, kripën dhe mustardën. Ngroheni, pa mbuluar, në shkrirje për 3-4 minuta derisa të nxehet. Thyeni vezët në një blender dhe shtoni në përzierjen e vajit të nxehtë. Vëreni makinën derisa të jetë e qetë. Me makinën ende në punë, por kapakun e hequr, shtoni vajin e mbetur në një rrjedhë të hollë dhe të qëndrueshme. Transferoni në një tas. Mbulojeni dhe ftoheni derisa të jetë e ftohtë dhe e trashë. Përzieni salcën djegës ose djegës që të jetë paksa e nxehtë, më pas shtoni kremin, piperin jeshil, qiqrat dhe lëngun e limonit. Mbajeni në frigorifer në një kavanoz me vida dhe përdorni sipas nevojës.

Veshje Thousand Island

Jep 600 ml / 1 pt / 2½ gota

600 ml / 1 pt / 2½ filxhan vaj luledielli ose luledielli
30 ml / 2 lugë gjelle lëng limoni
15 ml / 1 lugë gjelle verë ose uthull musht
2,5 ml/½ lugë e vogël sheqer i grirë (shumë i imët)
15–20 ml/3–4 lugë kripë
5 ml/1 lugë mustardë e bërë
2 vezë të mëdha
Një copë djegës ose salcë djegës
1–2 vezë të ziera të buta (të ziera fort) (faqe 98–99), të prera imët
30–45 ml/2–3 lugë gjelle ketchup domate (catsup)
15 ml / 1 lugë gjelle qepë të copëtuar
15 ml/1 lugë majdanoz i grirë
30 ml/2 lugë gjelle ullinj të mbushur të copëtuar (opsionale)
30 ml/2 lugë krem pana (opsionale)

Vendosni 75 ml/5 lugë vaj në një tas të vogël. Shtoni lëngun e limonit, uthullën, sheqerin, kripën dhe mustardën. Ngroheni, pa mbuluar, në shkrirje për 3-4 minuta derisa të nxehet. Thyeni vezët në një blender dhe shtoni në përzierjen e vajit të nxehtë. Vëreni makinën derisa të jetë e qetë. Me makinën ende në punë, por kapakun e hequr, shtoni vajin e mbetur në një rrjedhë të hollë dhe të qëndrueshme. Transferoni në një tas. Mbulojeni dhe ftoheni derisa të jetë e ftohtë dhe e trashë. Përzieni salcën e nxehtë ose djegës, vezët e copëtuara, ketchupin e domates, qepën, majdanozin dhe ullinjtë dhe kremin, nëse përdorni. Mbajeni në frigorifer në një kavanoz me vida dhe përdorni sipas nevojës.

Salcë jeshile

Jep 600 ml / 1 pt / 2½ gota

Projektuar për peshk.

Përgatiteni si për salcën e majonezës. Pasi të trashet, përzieni 15 ml/1 lugë majdanoz të grirë, 15 ml/1 lugë qiqra të grirë dhe 15 ml/1 lugë gjelle lakërishtë. Mund të shtohet edhe pak tarragon i grirë.

Salcë Remoulade

Jep 600 ml / 1 pt / 2½ gota

E shkëlqyeshme me mish të ftohtë, në veçanti me mish dhe me gatime peshku.

Përgatiteni si për salcën e majonezës. Pasi të jetë trashur, hidhni në vaj 4 fileto açuge të grira, 5 ml/1 lugë mustardë franceze, 5 ml/1 lugë tarragon të grirë dhe 5 ml/1 lugë majdanoz të grirë, 10 ml/2 lugë kastravec të grirë dhe 10 ml/2 lugë. kaperi të copëtuar. Mund t'i shtohet edhe pak kervile e grirë.

salcë tartar

Jep 600 ml / 1 pt / 2½ gota

Për peshkun.

Përgatiteni si për salcën e majonezës. Pasi të trashet, shtoni 45 ml/3 lugë kastravec të grirë (cornichons), 30 ml/2 lugë majdanoz të grirë dhe 15 ml/1 lugë kaperi të grirë.

Salcë e stilit të majonezës pa vezë

Shërben 4 racione

60 ml/4 lugë gjelle ujë të ftohtë
90 ml / 6 lugë vaj luledielli
1 ons / 25 g / 1/3 filxhan qumësht pluhur (qumësht i skremuar pluhur)
2.5 ml/½ lugë kripë
2.5 ml/½ lugë çaji pluhur mustardë

20 ml/4 lugë verë ose uthull musht
10 ml / 2 lugë çaji lëng limoni
Një majë sheqer

Derdhni ujin në një tas të vogël. Ngroheni, pa mbuluar, në Plotë për 1 minutë derisa të nxehet. Hidheni në një blender ose procesor ushqimi dhe shtoni të gjithë përbërësit e mbetur. Vëreni makinën derisa të jetë e qetë. Vendoseni në një tas të vogël, mbulojeni dhe vendoseni në frigorifer derisa të ftohet. Veshja trashet në mënyrë të konsiderueshme nëse lihet gjatë natës, por mund të hollohet në konsistencën e dëshiruar me ujë të ngrohtë.

salcë menteje

Shërben 4-5

Një salcë shumë britanike për qengjin e pjekur.
60 ml/4 lugë gjelle gjethe menteje të freskëta të copëtuara
60 ml / 4 lugë gjelle ujë
15 ml / 1 lugë gjelle sheqer pluhur (shumë i imët)
75 ml / 5 lugë gjelle uthull malti
Kripë dhe piper i zi i sapo bluar

Vendosni të gjithë përbërësit në një gotë matëse. Ngroheni, pa mbuluar, në Plotë për 3 minuta. Shërbejeni të ftohtë.

salcë portokalli

shërben 6-8

Për mish të ftohtë dhe të pjekur në skarë.

225 g / 8 oz / 1 filxhan reçel rrush pa fara (mbajeni të pastër)
Lëkura e grirë dhe lëngu i 1 portokalli
10 ml / 2 lugë gjelle Grand Marnier

Vendoseni reçelin e patëllxhanëve me lëvozhgën dhe lëngun e portokallit në një enë matëse 1,25 litër / 2¼ pt / 5½ filxhan. Ngroheni, pa mbuluar, në shkrirje për 5-6 minuta, duke e përzier tre ose katër herë, derisa reçeli të shkrihet. Lëreni salcën të ftohet dhe përzieni në Grand Marnier. Shërbejeni të ftohtë.

Salcë barishtore e ftohtë

Shërben 8-10

Për mish qengji.

450 ml / ¾ pt / 2 gota lëng rrushi të bardhë ose molle
15 ml / 1 lugë gjelle pluhur xhelatine
2.5 ml/½ lugë kripë
30 ml/2 lugë mente të grirë
45 ml / 3 lugë qepë të grirë
40 ml / 2½ lugë gjelle gjethe koriandër të copëtuara (cilantro)

Hidhni 45 ml / 3 lugë gjelle lëng frutash në një tas 1,25 litër / 2¼ pt / 5½ filxhan. Përzieni në xhelatinë. Lëreni të pushojë për 5 minuta që të zbutet. Shkrini, pa mbuluar, në shkrirje për 2–2½ minuta. Lëngun e mbetur e përziejmë me kripën. Mbulojeni kur të ftohet dhe vendoseni në frigorifer derisa të fillojë të trashet dhe të vendoset rreth buzës.

Përziejini të gjithë përbërësit e mbetur. Transferojeni në një pjatë të vogël dhe vendoseni në frigorifer derisa të vendoset plotësisht. Shpërndajeni në pjata për ta shërbyer.

Salcë barishtore e ftohtë me limon

Shërben 8-10

Për peshkun.

Përgatiteni si për salcën e përzier me barishte të ftohtë, por zëvendësoni majdanozin e grirë me cilantro (cilantro) dhe shtoni 10 ml/2 lugë lugë lëvozhgë limoni të grirë me përbërësit e mbetur.

majdanoz

Shërben 6 racione

Një version i thjeshtë i salcës moderne me erëza meksikane që mund të përdoret si salcë zhytjeje ose të hahet me ushqim të stilit meksikan. Gjithashtu i shton pak karakter pjatave të pjekura dhe të pjekura në skarë (të pjekura në skarë), djathrave të butë si mocarela dhe omletave. Disa salsa lihen të papërpunuara, por ngrohja e këtij versioni mjaft të fortë ka një efekt zbutës në shijet.

3 domate të mëdha, të zbardhura, të pastruara nga lëkura, me fara dhe të prera në kubikë
1 qepë e ëmbël ose spanjolle, e grirë hollë
1-2 speca djegës të gjelbër të plotë, të prera me fara dhe të grira hollë
1-2 thelpinj hudhre, te shtypura
30 ml/2 lugë gjelle gjethe koriandër të copëtuara (cilantro)
5–10 ml/1–2 lugë kripë

Vendosni domatet në një tas 1,25 litër / 2¼ pt / 5½ filxhan me qepën, piperin dhe hudhrën. Mbulojeni me një pjatë dhe nxeheni në Full për 3 minuta. Lëreni të ftohet plotësisht. Përzieni cilantron dhe kripën përpara se ta shërbeni.

majdanoz i butë

Shërben 6 racione

Përgatiteni si për Salsa, por kalojini përbërësit në një blender pas gatimit dhe përpunoni derisa të jenë të qetë përpara se të shtoni cilantro dhe kripë.

salsa ekstra e nxehtë

Shërben 6 racione

Përgatiteni si për Salsa, por dyfish ose trefishoni sasinë e specave jeshilë. Kini kujdes kur hani.

majdanoz cilantro

Shërben 6 racione

Përgatiteni si për Salsa, por rrisni sasinë e koriandërit (cilantro) në 25 g/1 oz/¼ filxhan.

salcë molle

Shërben 4 racione

E detyrueshme për mish derri të pjekur, rosë dhe patë.

450 g / 1 lb mollë gatimi (të tharta), të qëruara, të prera në katër pjesë, me bërthama dhe të prera hollë
45 ml / 3 lugë gjelle ujë të vluar
10–15 ml/2–3 lugë sheqer të grimcuar
10 ml / 2 lugë gjalpë ose margarinë

Vendosni mollët në një tas me ujë 1,25 litër / 2¼ pt / 5½ filxhan. Mbulojeni me një pjatë dhe gatuajeni në Plotë për 7-8 minuta derisa të zbutet dhe të bëhet tul, duke e përzier dy herë. Rrihni derisa të jetë e qetë. Përzieni sheqerin dhe gjalpin ose margarinën. Shërbejeni të nxehtë ose të ftohtë.

Salcë molle znj. Beeton Brown

Shërben 4 racione

Përgatiteni si për salcën e mollës, por gatuajini mollët në një salcë të hollë në vend të ujit.

salcë rrush pa fara

Shërben 4 racione

Një salcë e vjetër angleze e shërbyer tradicionalisht me patë, rosë dhe skumbri.

Përgatiteni si për salcën e mollës, por zëvendësoni mollët me 225 g/8 oz/2 filxhanë rrush pa fara të zeza të prera dhe shtoni 5 ml/1 lugë çaji lëkure limoni të grirë me përbërësit e tjerë.

Salsa me misër të ëmbël

Shërben 4 racione

Për ushqim të pjekur në skarë.

10 ml / 2 lugë vaj misri
3 qepë (qepëza), të grira hollë
30 ml / 2 lugë gjelle gjethe koriandër të copëtuara (cilantro)
1 spec të kuq zile të konservuar, të kulluar dhe të grirë
2 domate të mëdha viçi, të zbardhura, të pastruara me lëkurë, me fara dhe të prera
175 g / 6 oz / 1½ filxhan misër i ëmbël i ngrirë (misër), i shkrirë
10 ml / 2 lugë salcë jalapeno
10 ml / 2 lugë çaji lëng limoni të freskët
5 ml/1 lugë kripë

Hidheni vajin në një tas 1,25 litër / 2¼ pt / 5½ filxhan. Shtoni qepën, cilantron dhe piperin. Gatuani, pa mbuluar, në gjendje të plotë për 2 ½ minuta, duke e përzier një herë. Shtoni domatet dhe misrin e ëmbël. Mbulojeni me një pjatë dhe nxeheni në Full për 2 minuta. Lëreni të ftohet plotësisht. Shtoni pjesën tjetër të përbërësve.

Salcë austriake me mollë dhe rrikë

Shërben 6-8

Një shembull i pazakontë dhe i papritur, një salcë e mrekullueshme e nxehtë për viçin.

450 g / 1 lb mollë gatimi (të tharta), të qëruara, të prera në katër pjesë, me bërthama dhe të prera hollë
30 ml / 2 lugë ujë të vluar
10 ml / 2 lugë sheqer pluhur, të situr
30 ml / 2 lugë bajame të laminuara dhe të grira hollë
15–45 ml/1–3 lugë gjelle rrikë të freskët të grirë hollë ose 30–45 ml/2–3 lugë gjelle krem rrikë
2,5–5 ml/½–1 lugë kripë
10 ml/2 lugë uthull malti

Vendosni mollët në një tas me ujë 1,25 litër / 2¼ pt / 5½ filxhan. Mbulojeni me një pjatë dhe gatuajeni në Plotë për 7-8 minuta derisa të zbutet dhe të bëhet tul, duke e përzier dy herë. Përziejini të gjithë përbërësit e mbetur. Mbulojeni si më parë dhe gatuajeni në gjendje të plotë për 1 ½ minutë. Shërbejeni të nxehtë.

Salcë hudhër

Shërben 4-6

Një salcë jashtëzakonisht pikante nga Italia e krijuar për t'u përzier me makarona të nxehta.

45 ml / 3 lugë vaj ulliri
50 g / 2 oz / ¼ filxhan gjalpë
6 thelpinj hudhre, te shtypura
30 ml/2 lugë majdanoz i grirë
2,5 ml/½ lugë borzilok të thatë
2,5–5 ml/½–1 lugë kripë
Piper i zi i freskët i bluar, për shije

Vendosni të gjithë përbërësit në një tas 600 ml / 1 pt / 2½ filxhan. Mbulojeni me një pjatë dhe ngroheni në shkrirje për 3-4 minuta, duke e përzier një herë. Përziejini me spageti të nxehta ose makarona të tjera dhe hani menjëherë.

Salca me mollë dhe rrepkë

Shërben 6-8

Një salcë molle nga Rumania, për t'u shërbyer me pulë.

50 g / 2 oz / ¼ filxhan gjalpë
2 mollë të mëdha gatimi (tarta), të qëruara dhe të grira
50 g / 2 oz / ½ filxhan miell i thjeshtë (për të gjitha qëllimet)
450 ml / ¾ pt / 2 gota lëng pule të nxehtë
5–10 ml/1–2 lugë gjelle rrikë të grirë ose 10 ml/2 lugë salcë rrikë
kripë
150 ml / ¼ pt / 2/3 filxhan krem të trashë, të rrahur derisa të trashet
Sheqer pluhur (pluhur), i situr (sipas dëshirës)

Vendoseni gjalpin në një tas 1,5 litër/2½ pt/6 filxhan dhe ngroheni, të pambuluar, në Plotë për 1¼ minuta. I përziejmë mollët dhe i gatuajmë të pambuluara në të Plotë për 3 minuta, duke i përzier një herë. Hidhni miellin dhe gatuajeni në Plotë për 20 sekonda. Përziejeni gradualisht lëngun e nxehtë. Gatuani, pa mbuluar, në Plotë për 4-5 minuta, duke e përzier çdo minutë, derisa të trashet lehtë. Hidhni rrikën, rregulloni me kripë sipas shijes dhe më pas shtoni kremin. Nëse salca është shumë e thartë për shijen personale, përzieni pak sheqer pluhur. Shërbejeni menjëherë.

salcë buke

Shërben 6-8

Një traditë e cilësisë së mirë të shpendëve.

300 ml / ½ pt / 1¼ filxhan qumësht

1 buqetë garni

1 gjethe dafine

1 qepë e vogël, e qëruar dhe e prerë në katërsh

2 degëza të mëdha majdanoz

1,5 ml/¼ lugë arrëmyshk i grirë

65 g / 2½ oz bukë të freskët të bardhë pa kore

15–25 g/½–1 oz/1–2 lugë gjelle gjalpë ose margarinë

Kripë dhe piper i zi i sapo bluar

Hidheni qumështin në një enë 900 ml/1½ pt/3¾ filxhan. Shtoni buqetën garni, gjethen e dafinës, qepën, majdanozin dhe arrëmyshkun. Mbulojeni me një tigan dhe lëreni të vlojë në shkrirje, duke lënë rreth 5 deri në 6 minuta. Hiqeni nga mikrovala, mbajeni të mbuluar dhe lëreni të ftohet deri sa të vakët. Shumëllojshmëri. Shtoni thërrimet. Gatuani, pa mbuluar, në shkrirje derisa të trashet, duke lënë rreth 4 deri në 6 minuta dhe duke e përzier çdo minutë. Shtoni gjalpin ose margarinën dhe rregulloni sipas shijes. Ngroheni, pa mbuluar, në shkrirje për 1 minutë.

Salcë për bukë kafe

Shërben 6-8

Përgatiteni si për salcën e bukës, por zëvendësoni bukën e freskët me bukë të freskët me bukë integrale pa kore në vend të bukës së bardhë.

Salcë me boronicë

Shërben 6-8

Një salcë dimri e ëmbël me fruta dhe një shoqërim i ndritshëm dhe me shkëlqim për shpendët.

225 g / 8 oz / 2 filxhanë boronicë, të shkrirë nëse janë të ngrira
150 ml/¼ pt/2/3 filxhan ujë
175 g / 6 oz / ¾ filxhan sheqer të grimcuar
5 ml / 1 lugë gjelle lëvozhgë limoni të grirë

Vendosni të gjithë përbërësit në një tas 1,25 litër / 2¼ pt / 5½ filxhan. Mbulojeni me një pjatë dhe gatuajeni në Plotë për 8–8½ minuta, duke e trazuar dy herë dhe duke shtypur frutat në anën e tasit, derisa fruti të zbutet. Hiqeni nga mikrovala, mbajeni të mbuluar dhe shërbejeni të ftohtë. Mbani mbetjet në frigorifer në një enë të mbuluar.

Salca e verës me boronicë

Shërben 6-8

Përgatiteni si për salcën e boronicës së kuqe, por zëvendësoni verën e kuqe me ujin.

Salcë rrushi me portokall

Shërben 6-8

Përgatiteni si në salcën e boronicës së kuqe, por zëvendësoni ujin me lëng portokalli.

Salca me boronicë dhe mollë

Shërben 6-8

Përgatiteni si për salcën e boronicës së kuqe, por zëvendësoni gjysmën e boronicave të kuqe me 1 mollë gatimi të prerë në feta (tartë).

Salca Cumberland

Shërben 6 racione

Një salcë me trup të plotë, zakonisht angleze për proshutë, mish derri dhe gjuhë.

5 ml / 1 lugë mustardë e butë
30 ml / 2 lugë gjelle sheqer kafe të lehtë
1.5 ml/¼ luge xhenxhefil pluhur
Një majë piper kajen
300 ml / ½ pt / 1¼ filxhan verë të bardhë të thatë ose port
2 karafil të tërë
15 ml / 1 lugë gjelle miell misri (niseshte misri)
30 ml/2 lugë gjelle ujë të ftohtë
60 ml/4 lugë gjelle reçel rrush pa fara (mbajeni të pastër)
5 ml / 1 lugë e vogël lëvozhgë portokalli të grirë
5 ml / 1 lugë gjelle lëvozhgë limoni të grirë
Lëng i 1 portokallit të vogël

1 lëng limoni

Vendosni mustardën, sheqerin, xhenxhefilin, specin kajene, verën ose portin dhe karafilin në një tas 1,25 litër / 2¼ pt / 5½ filxhan dhe ngrohni, pa mbuluar, në Plotë për 6 minuta, duke i përzier tre herë. Ndërkohë përziejmë miellin e misrit butësisht me ujin e ftohtë. Përzieni përzierjen e verës me përbërësit e mbetur. Ngroheni, pa mbuluar, në Plotë për 4-6 minuta, duke e përzier çdo minutë, derisa salca të trashet dhe të jetë e lëmuar dhe reçeli të shkrihet. Shërbejeni të nxehtë.

salcë vere sllovene

Shërben 4-6

Pure perimesh dhe salce vere e pasuruar me krem. Ajo shoqërohet veçanërisht mirë me mish dreri dhe pëllumb.

50 g/2 oz/¼ filxhan gjalpë të kripur
2 karota, të grira hollë
30 ml / 2 lugë gjelle miell i thjeshtë (për të gjitha qëllimet)
300 ml / ½ pt / 1¼ filxhan verë të bardhë të thatë
100 g / 3½ oz kërpudha, të prera në feta
1 gjethe e vogël dafine
Kripë dhe piper i zi i sapo bluar
150 ml / ¼ pt / 2/3 filxhan salcë kosi

Vendosni gjalpin në një tas 1,25 litër / 2¼ pt / 5½ filxhan dhe ngroheni, pa mbuluar, në Plotë për 1¼ minuta. Shtoni karotat.

Mbulojini dy të tretat me një pjatë dhe gatuajeni në Plotë për 4 minuta, duke e përzier dy herë. Përzieni miellin, verën, kërpudhat dhe gjethen e dafinës. Mbulojeni me një pjatë dhe gatuajeni në Plotë për 6-7 minuta derisa përbërësit të zbuten. Hiqni gjethen e dafinës dhe rregulloni sipas shijes. Transferoni në një blender ose procesor ushqimi dhe përpunoni derisa të jetë e qetë. Kthehuni në pjatë dhe përzieni kremin e qumështit. Ngroheni plotësisht për 1–1½ minuta.

Salcë e hollë për shpendët

Shërben 6 racione

15 ml / 1 lugë gjelle miell misri (niseshte misri)
25 ml / 1 ½ lugë gjelle ujë të ftohtë
1 kub bujoni me pulë ose perime ose 7,5 ml/1 ½ lugë çaji pluhur
300 ml / ½ pt / 1¼ filxhan lëng mishi, duke përfshirë lëngun e pjekur të pulës ose gjelit të detit
Kripë dhe piper i zi i sapo bluar

Përzieni butësisht miellin e misrit me ujin e ftohtë në një kavanoz ose tas 3¾ filxhan / 900 ml / 1½ pt / 3¾ filxhan. Thërrmoni kubin e builonit ose përzieni pluhurin e salcës. Përzieni lëngun. Gatuani, pa mbuluar, në Fryrë për 4-6 minuta, duke e përzier çdo minutë, derisa salca të trashet pak. Sezoni sipas shijes para se ta shërbeni.

Salcë e trashë mishi

Shërben 6 racione

Përgatiteni si për salcën e imët të shpendëve, por përdorni 30 ml / 2 lugë gjelle miell misri (miseshte misri) të përzier me 40 ml / 2 ½ lugë gjelle ujë të ftohtë.

Salcë orientale me prerje të shkurtër

Shërben 6-8

Një kryqëzim midis një salce indiane dhe një salce malajziane, ky është një mjet i mrekullueshëm për t'i shtuar shije mishit të mbeturinave dhe salciceve.

300 ml / 10 ml oz / 1 kanaçe krem i kondensuar me supë me selino ose kërpudha

150 ml/¼ pt/2/3 filxhan ujë të vluar

30 ml / 2 lugë pure domate (pastë)

15 ml/1 lugë gjelle pastë karri e butë ose e nxehtë

1 thelpi hudhër, e shtypur

5 ml/1 lugë çaji shafran

30 ml/2 lugë çatni frutash

15 ml / 1 lugë gjelle gjalpë kikiriku krokant

20 ml / 4 lugë arrë kokosi të tharë (i grirë)

Hidheni supën në një tas 1,25 litër / 2¼ pt / 5½ filxhan të mbushur me gjysmën e ujit. Shtoni të gjithë përbërësit e mbetur përveç kokosit. Mbulojeni me një pjatë dhe ngroheni në Full për 4 minuta, duke e përzier çdo minutë. Lëreni të pushojë për 2 minuta. Përzieni ujin e mbetur dhe kokosin. Ngrohni përsëri, të pambuluar në Plotë për 1 minutë.

Salcë kikiriku në stil indonezian

Shërben 6-8

Në Lindjen e Largët, kjo salcë shërbehet me perime të ndryshme të gatuara të ftohta, pak a shumë si salcë sallate, por mund të përdoret edhe si salcë pikante për ushqimet e pjekura në skarë dhe mish në hell.

15 ml / 1 lugë gjelle vaj misri

2 qepë, të grira hollë

1 thelpi hudhër, e shtypur

350 g / 12 oz / 1½ filxhan gjalpë kikiriku të butë

10 ml / 2 lugë sheqer kafe të hapur
Lëng nga 1 limon të vogël
600 ml / 1 pt / 2½ gota ujë të valë
30 ml / 2 lugë gjelle salcë tavoline kafe
Kripë dhe piper i zi i sapo bluar

Hidheni vajin në një tas 1,25 litër / 2¼ pt / 5½ filxhan. Nxeheni në gjendje të plotë për 30 sekonda. Shtoni qepën dhe hudhrën. Gatuani, pa mbuluar, në Plotë për 6 minuta, duke e përzier tre herë. Përzieni gjalpin e kikirikut, sheqerin, lëngun e limonit dhe gjysmën e ujit. Gatuani, pa mbuluar, në Plotë për 2-3 minuta, duke e përzier tre herë, derisa salca të ngjajë me qull në cilësi. Hiqeni nga mikrovala. Holloni salcën duke e përzier me ujin e mbetur, më pas e rregulloni me salcën kafe dhe kripë e piper për shije.

salcë kreole

Shërben 6-8

Një salcë jazzy Mississippi, me ngjyra të perëndimit të diellit dhe një bollëk prodhimesh mesdhetare. Shkon mirë me vezët, shpendët, viçin dhe madje bën një majë vegjetale për pure patatesh me gëzof ose oriz.

20 ml/4 lugë vaj misri
1 qepë e madhe, e grirë në rende
1 thelpi hudhër, e shtypur
30 ml/2 lugë gjelle ullinj jeshil pa koriza, të grira
½ piper i vogël zile jeshile, i prerë dhe i prerë

50 g / 2 oz kërpudha, të copëtuara

1 gjethe e vogël dafine

400 g / 14 oz / 1 kuti e madhe domate të prera në kubikë

15 ml/1 lugë gjelle gjethe borziloku të copëtuara

15 ml/1 lugë majdanoz i grirë

10 ml / 2 lugë sheqer të butë kafe të errët

5 ml/1 lugë kripë

5 ml / 1 lugë çaji Tabasko ose ndonjë salcë tjetër e nxehtë

5 cm / 2 inç lëvozhgë limoni

Vendosni vajin e ullirit, qepën dhe hudhrën në një tas 2 litra / 3½ pt / 8½ filxhan. Gatuani, pa mbuluar, në Plotë për 6 minuta, duke e përzier tre herë. Shtoni ullinjtë, piperin jeshil dhe kërpudhat. Gatuani, pa mbuluar, në gjendje të plotë për 2 minuta. Përziejini të gjithë përbërësit e mbetur. Mbulojeni me mbështjellës plastik (mbështjellës plastik) dhe priteni dy herë për të lejuar që avulli të dalë. Gatuani në të Plotë për 6-7 minuta, duke e kthyer tasin tri herë, derisa salca të jetë e nxehtë. Lëreni të pushojë për 2 minuta para përdorimit.

salcë e shpejtë kreole

Shërben 4-6

30 ml / 2 lugë gjelle thekon djegës të thatë (zile)

300 ml / 10 ml oz / 1 kanaçe supë me domate të kondensuar

75 ml / 5 lugë ujë të vluar

2.5 ml/½ lugë e vogël rigon të tharë

5 ml / 1 lugë çaji sheqer kafe të hapur

5 ml/1 lugë salcë Worcestershire

Ftokat e djegës mbulohen me ujë të vluar dhe lërini për 3 minuta. Kullojini mirë. Vendoseni supën dhe ujin e matur të vluar në një enë 1,25 litër/2¼ pt/5½ filxhan dhe përziejeni derisa të jetë homogjene. Përziejini përbërësit e mbetur. Ngroheni, pa mbuluar, në Plotë për 4-5 minuta, duke e përzier tre herë, derisa të nxehet.

Salcë Newburg

Shërben 4 racione

E lidhur kryesisht me karavidhe, kjo salcë madhështore çiftëzohet po aq mirë me shumë butakë të tjerë, në veçanti gaforre.

25 g / 1 oz / 2 lugë gjelle gjalpë

1 qepë e vogël, e grirë në rende

30 ml / 2 lugë gjelle miell i thjeshtë (për të gjitha qëllimet)

300 ml / ½ pt / 1¼ filxhan krem i thjeshtë (i lehtë), i ngrohur për të ngrohur

3 gurë të çmuar

60 ml / 4 lugë gjelle sheri të thatë ose port të bardhë

Kripë dhe piper i zi i sapo bluar

Shkrini gjalpin, të pambuluar, për 1 minutë në një tas 900 ml/1½ pt/3¾ filxhan. Shtoni qepën dhe ziejini të pambuluar në Plotë për 1 minutë, duke e përzier një herë. Përzieni miellin dhe gatuajeni, pa mbuluar, në gjendje të plotë për 1 minutë. Përziejeni gradualisht kremin. Gatuani, pa mbuluar, në Plotë për 4-4½ minuta, duke e përzier çdo minutë, derisa të trashet dhe të jetë e lëmuar. Rrihni të verdhat e vezëve dhe sherin ose portin. Shtoni në salcë dhe sezonin sipas shijes. Kthejeni në mikrovalë dhe gatuajeni, pa mbuluar, në shkrirje për 1 deri në 1 ½ minuta. Rrihni dhe shërbejeni.

Salcë kafe pikante

Shërben 4-6

Bazuar në një salcë klasike franceze, ky është një version cheat që kthehet në pasuri për ushqimet e pjekura në skarë (të pjekura në skarë) dhe të pjekura dhe miqtë e vjetër të familjes si salcice, bretkocë në vrimë dhe mish viçi.

300 ml / 10 ml oz / 1 kanaçe supë e kondensuar me bisht kau
75 ml / 5 lugë ujë të vluar
15 ml / 1 lugë gjelle gjethe koriandër të copëtuara (cilantro)
15 ml/1 lugë majdanoz i grirë

15 ml/1 lugë gjelle kaperi të copëtuar

15 ml / 1 lugë gjelle kastraveca të copëtuara (cornichons)

2.5 ml/½ lugë e vogël barishte të thata të përziera

15 ml / 1 lugë gjelle salcë tavoline kafe

15 ml/1 lugë gjelle porte

Kripë dhe piper i zi i sapo bluar

Vendosini të gjithë përbërësit në një tas 1,25 litër / 2¼ pt / 5½ filxhan dhe ngrohni, të pambuluar, në Plotë për 5 minuta, duke i përzier çdo minutë, derisa të nxehet dhe të bëhet homogjene.

Salcë pikante me arra turshi

Shërben 4-6

Përgatiteni si në salcën Piquant Brown, por zëvendësoni me kaperin 15 ml/1 lugë gjelle arra turshi të copëtuara.

Salcë portugeze

Shërben 6 racione

Shija e këndshme e kësaj salce domateje të freskët bën mrekulli me salmonin dhe gjithashtu gjallëron pulën e pjekur dhe gjelin e detit.

30 ml/2 lugë gjelle vaj ulliri

1 qepë e grirë hollë

2 feta proshutë, të prera në shirita të hollë

1-2 thelpinj hudhre, te shtypura

1 karotë e vogël, e grirë në rende

30 ml / 2 lugë gjelle miell i thjeshtë (për të gjitha qëllimet)

5 domate, të zbardhura, të grira dhe të grira

45 ml/3 lugë pure domate (pastë)

150 ml/¼ pt/2/3 filxhan lëng mishi të zier ose perimesh

10 ml/2 lugë erëz turshi, të lidhur në një copë muslin

10 ml / 2 lugë sheqer të butë kafe të errët

5 ml/1 lugë kripë

5 cm / 2 në rripa lëvozhgë limoni

10 ml / 2 lugë çaji lëng limoni të freskët

Piper i zi i sapo bluar

Vendosni vajin e ullirit, qepën, proshutën, hudhrën dhe karotat në një tas 2 litra / 3½ pt / 8½ filxhan. Gatuani, pa mbuluar, në Plotë për 4 minuta, duke e përzier dy herë. Përzieni miellin dhe gatuajeni në Plotë për 1 minutë. Përziejini të gjithë përbërësit e mbetur, duke shtuar piper për shije. Mbulojeni me mbështjellës plastik (mbështjellës plastik) dhe priteni dy herë për të lejuar që avulli të dalë. Gatuani plotësisht për 7 minuta, duke e kthyer dy herë. Lëreni të pushojë për 3 minuta. Kullojeni në një enë të pastër. Mbulojeni me një pjatë dhe ringrojeni në Full për 2-3 minuta përpara se ta shërbeni.

salcë domate fshatar

Shërben 4-6

30 ml/2 lugë gjelle vaj ulliri
1 qepë e grirë hollë
2 bishta selino të grira hollë
1 fetë proshutë, e grirë hollë
1 karotë e vogël, e grirë në rende
1 thelpi hudhër, e shtypur

25 ml / 1 ½ lugë gjelle miell për të gjitha përdorimet (për të gjitha qëllimet)

400 g / 14 oz / 1 kanaçe e madhe kumbulle domate, të grimcuara

30 ml / 2 lugë pure domate (pastë)

10 ml / 2 lugë sheqer të butë kafe të errët

1,5 ml/¼ lugë arrëmyshk i grirë

2.5 ml/½ lugë kripë

150 ml / ¼ pt / 2/3 filxhan lëng të vluar ose ujë

Vendoseni vajin në një tas 2 litra/3½ pt/8½ filxhan. Shtoni qepën, selinon, proshutën, karotën dhe hudhrën. Gatuani, pa mbuluar, në gjendje të plotë për 4 ½ minuta, duke e përzier dy herë. Përzieni miellin. Gatuani, pa mbuluar, në gjendje të plotë për 30 sekonda. Shtoni të gjithë përbërësit e mbetur dhe përzieni mirë që të përzihen. Mbulojeni pjesërisht me një pjatë dhe gatuajeni në Plotë për 7 minuta, duke e përzier tre herë. Lëreni të pushojë për 2 minuta.

Salcë kerri gjeldeti për patate

Shërben 6 racione

15 ml / 1 lugë gjelle vaj misri

2 qepë, të grira

20 ml/4 lugë gjelle pluhur kerri i butë, mesatar ose i nxehtë

350 g / 12 oz / 3 gota gjeldeti i grirë (i bluar)

20 ml / 4 lugë çaji miell gruri
150 ml / ¼ pt / 2/3 filxhan qumësht kokosi të konservuar
150 ml/¼ pt/2/3 filxhan ujë
30 ml / 2 lugë pure domate (pastë)
15 ml / 1 lugë gjelle chutney frutash
5 ml/1 lugë kripë
1 lëng limoni
30 ml / 2 lugë gjelle lëng molle
150 ml/¼ pt/2/3 filxhan kos të thjeshtë të trashë

Hidheni vajin në një tas 1,25 litër / 2¼ pt / 5½ filxhan. Nxeheni në gjendje të plotë për 30 sekonda. Përzieni qepën dhe pluhurin e kerit. Gatuani, pa mbuluar, në Plotë për 5 minuta, duke e përzier tre herë. Përzieni gjelin e detit. Mbulojeni me një pjatë dhe gatuajeni në Plotë për 6 minuta, duke e trazuar me pirun tre ose katër herë që gjeli i detit të jetë i thërrmuar. Përziejini të gjithë përbërësit e mbetur përveç kosit. Mbulojeni si më parë dhe gatuajeni në të Plotë për 4 minuta, duke e përzier dy herë. Lëreni të pushojë për 4 minuta. Vendosim patatet e prera dhe sipër secilës me një lugë kos të trashë.

Salcë tandoori gjeldeti për patate të mbushura

Shërben 6 racione

Përgatiteni si për salcën e kerit të gjelit të detit për lyerjen e patateve, por zëvendësoni pluhurin e kerit me pluhurin tandoori.

Salcë mishi me spec djegës për patate

Shërben 6 racione

60 ml / 4 lugë vaj misri ose luledielli
2 qepë, të grira
2 thelpinj hudhre, te shtypura
350 g / 12 oz / 3 gota mish viçi pa dhjamë i grirë (i bluar)
30 ml / 2 lugë gjelle miell i thjeshtë (për të gjitha qëllimet)
2,5–10 ml/½–2 lugë çaji pluhur djegës
30 ml / 2 lugë pure domate (pastë)
300 ml / ½ pt / 1¼ filxhan ujë të nxehtë
5 ml/1 lugë kripë
45 ml / 3 lugë gjelle musht të thatë

Hidhni vajin në një enë 1,25 litra/2¼ pt/5½ filxhan. Shtoni qepën dhe hudhrën. Gatuani, pa mbuluar, në Plotë për 5 minuta, duke e përzier dy herë. Përzieni mishin. Mbulojeni me një pjatë dhe ziejini në Fryrë për 6 minuta, duke e trazuar me pirun tre ose katër herë që mishi të mbetet i thërrmuar. Shtoni pjesën tjetër të përbërësve. Mbulojeni me mbështjellës plastik (mbështjellës plastik) dhe priteni dy herë për të lejuar që avulli të dalë. Gatuani në të Plotë për 6 minuta, duke e kthyer pjatën dy herë, derisa të fryjë. Lëreni të pushojë për 5 minuta. I trazojmë dhe më pas i vendosim patatet e prera në copa.

Prisni salcën e shtëpisë

Shërben 4 racione

Një salcë e sigurt nga koha Eduardiane për bërxolla të pjekura në skarë, pulë dhe biftekë. Pak shkon shumë, prandaj sasitë janë të vogla.

15 ml / 1 lugë gjelle ketchup domate (catsup)
5–10 ml/1–2 lugë gjelle esencë açuge (ekstrakt)
5 ml/1 lugë gjelle mustardë angleze
15 ml / 1 lugë gjelle uthull vere
45 ml / 3 lugë krem të dyfishtë (i rëndë)
2.5 ml/½ lugë salcë Worcestershire
Një copë salcë piper

Vendosni të gjithë përbërësit në një enë matëse 600 ml / 1 pt / 2½ filxhan. Ngroheni, pa mbuluar, në Plotë për 1¼–1½ minuta, duke e përzier dy herë, derisa të nxehet, por jo të vlojë. Përdoreni menjëherë.

Djathë e nxehtë dhe salcë karrote për zorrën e patateve

Shërben 4 racione

Një salcë vegjetariane me temperament të shpejtë.

25 g / 1 oz / 2 lugë gjelle gjalpë ose margarinë
1 karotë e madhe, e grirë në rende

30 ml / 2 lugë gjelle miell i thjeshtë (për të gjitha qëllimet)
300 ml / ½ pt / 1¼ filxhan qumësht të ngrohur
5 ml/1 lugë çaji pluhur mustardë
1.5 ml/¼ lugë piper kajen
Një majë arrëmyshk i bluar
2.5 ml/½ lugë kripë
2.5 ml/½ lugë borzilok të tharë
50 g / 2 oz / ½ filxhan djathë të grirë

Vendosni gjalpin ose margarinën në një enë 1,25 litër/2¼ pt/5½ filxhan. Shkrini, pa mbuluar, në shkrirje për 1 minutë. Përzieni karotën. Gatuani, pa mbuluar, në Plotë për 4 minuta, duke e përzier dy herë. Përzieni miellin. Gatuani, pa mbuluar, në Plotë për 30 sekonda, më pas përzieni gradualisht qumështin e ngrohur. Gatuani, pa mbuluar, në Plotë për 4 minuta, duke e përzier fuqishëm çdo minutë. Shtoni pjesën tjetër të përbërësve. Gatuani në gjendje të plotë për 30 sekonda. Përziejini përreth dhe hidhini me lugë patatet e ndara me xhaketë.

Tufa me basting

Të lyera sipër copave të mishit, shpendëve dhe ushqimeve të pjekura në skarë, shkopinjtë rrisin skuqjen dhe i bëjnë ato të duken më të shijshme. Ato gjithashtu shtojnë aromën dhe mund të përdoren si bazë për salcat dhe salcat e shijshme.

mbushje me gjalpë

Jep rreth 60 ml / 4 lugë gjelle

25 g / 1 oz / 2 lugë gjelle gjalpë ose margarinë, në temperaturën e gatimit
15 ml / 1 lugë pure domate (pastë)
5 ml/1 lugë paprika
5 ml/1 lugë salcë Worcestershire
5 ml / 1 lugë çaji sheqer kafe të hapur

Shkrihet gjalpi, i pambuluar, në shkrirje për 1-1½ minuta. Shtoni pjesën tjetër të përbërësve. Ngroheni në shkrirje për 30 sekonda dhe përdorni sipas nevojës.

Salcë me karri pikante

Jep rreth 60 ml / 4 lugë gjelle

Përgatiteni si për bastin e gjalpit, por përzieni 5 ml/1 lugë çaji pluhur kerri të butë, 5 ml/1 lugë çaji pluhur mustardë, 2,5 ml/½ lugë kripë hudhër dhe një majë shafran të Indisë me përbërësit e mbetur.

Jalapeno Barbecue Mexican Baste

Shërben 6 racione

Nuk mund ta ngatërroni goditjen në jug të kufirit me këtë, e cila gjallëron mishin e derrit dhe pulën e pjekur në skarë si asgjë tjetër.

150 ml / ¼ pt / 2/3 filxhan salcë franceze
45 ml/3 lugë gjelle ketchup domate (catsup)
15 ml / 1 lugë gjelle salcë soje
15 ml/1 lugë gjelle salcë Worcestershire
15 ml / 1 lugë gjelle salcë jalapeno
15 ml / 1 lugë gjelle lëng limoni të freskët
2.5 ml/½ lugë e vogël barishte të thata të përziera

Vendosini të gjithë përbërësit në një enë 600 ml/1 pt/2½ filxhan. Mbulojeni me një tigan dhe ngroheni në Plotë për 2 ½ minuta. Përziejeni dhe përdorni për ujitje.

Salce domatesh

Jep rreth 60 ml / 4 lugë gjelle

Një shkop pa yndyrë, ideal për njerëzit e dobët në dieta me pak yndyrë dhe gjithashtu me mish të pasur si derri, rosa dhe pata.

15 ml / 1 lugë pure domate (pastë)

5 ml/1 lugë gjelle mustardë angleze

5 ml/1 lugë uthull malti

5 ml/1 lugë salcë Worcestershire

I përziejmë mirë të gjithë përbërësit në një tenxhere dhe i ngrohim të pambuluar, në zjarr të plotë për 10 sekonda.

Krem holandez për blender gjalpi

Shërben 4-6

E harlisur për t'u ngrënë dhe një krem që mund të përgatitet kur ju mbarojnë ushqimet ose dëshironi diçka pak më ndryshe. Mund të rrihet në maja si krem pana dhe të shkrihet mbi ushqim të nxehtë si akullorja.

150 ml/¼ pt/2/3 filxhan qumësht të plotë
150 g / 5 oz / 2/3 filxhan gjalpë holandeze të pakripur (i ëmbël)

Hidheni qumështin në një enë. Pritini copat e gjalpit. Ngroheni, të pambuluar në Plotë për 2 ½ minuta. Kaloni me kujdes në një blender dhe ndizni makinën për 1 minutë. Kthejeni në tasin e larë dhe të tharë, mbulojeni dhe ftohuni për 2 deri në 3 orë. Hidhni pudingat me lugë ose rrihni butësisht, nëse dëshironi.

Krem për blender vanilje holandeze

Shërben 4-6

Përgatiteni si në kremin holandez të blenderit me gjalpë, por shtoni 5 ml/1 lugë esencë vanilje (ekstrakt) në qumësht dhe gjalpë në blender.

salcë me çokollatë të nxehtë

Shërben 6 racione

Një klasik i vjetër për akulloren, patatet dhe profiterolin.

25 g / 1 oz / 2 lugë gjelle gjalpë
30 ml / 2 lugë gjelle sheqer kafe të lehtë
30 ml / 2 lugë kakao (çokollatë pa sheqer) pluhur
30 ml / 2 lugë gjelle shurup ari (misër i lehtë)
30 ml / 2 lugë krem të thjeshtë (i lehtë)
5 ml / 1 lugë esencë vanilje (ekstrakt)

Vendosni gjalpin në një enë 600 ml / 1 pt / 2½ filxhan. Shkrini, pa mbuluar, në Plotë për 1 minutë. Përziejini mirë të gjithë përbërësit e mbetur. Gatuani, pa mbuluar, në shkrirje për 5 minuta, duke e përzier çdo minutë, derisa salca të jetë e qetë dhe e nxehtë.

salcë moka

Shërben 6 racione

Përgatiteni si për salcën e çokollatës së nxehtë, por shtoni 20 ml/4 lugë kafeje pluhur ose kokrriza të çastit përpara se ta ngrohni.

Salcë me çokollatë të nxehtë dhe portokalli

Shërben 6 racione

Përgatiteni si për salcën me çokollatë të nxehtë, por përzieni 10 ml/2 lugë çaji lëvozhgë portokalli të grirë imët pas gatimit.

Salcë mente me çokollatë të nxehtë

Shërben 6 racione

Përgatiteni si për salcën e çokollatës së nxehtë, por shtoni disa pika esencë menteje (ekstrakt) pas gatimit.

coulis mjedër

Shërben 6-8

Një salcë e ndritshme, pothuajse e qelqtë, e kuqe e lehtë, e dashur nga kuzhinierët për efektin e saj mahnitës.

350 g / 12 oz / 3 gota mjedra të freskëta
45 ml / 3 lugë sheqer pluhur (superfin)
15 ml / 1 lugë gjelle miell misri (niseshte misri)
75 ml / 5 lugë gjelle ujë të ftohtë
5 ml / 1 lugë esencë vanilje (ekstrakt)
5 ml / 1 lugë çaji lëng limoni

Lani me kujdes mjedrat, vendosini në një procesor ushqimi ose blender dhe përpunojini derisa të bëhen pure. Kaloni në një sitë rrjetë të imët (kullues) për të hequr farat. Transferoni në një tas 900 ml / 1½ pt / 3¾ filxhan me sheqer. Përzieni miellin e misrit butësisht me ujin. Shtoni në pure në tas. Gatuani, pa mbuluar, në gjendje të plotë për 2½–3½ minuta, duke e trazuar çdo 30 sekonda, derisa përzierja të jetë trashur dhe të jetë e qartë dhe të fryjë butësisht. Hidhni vaniljen dhe lëngun e limonit dhe përdorni të ftohtë.

Coulis frutash verore

Shërben 6-8

Përgatiteni si coulis me mjedër, por zëvendësoni mjedrat me një përzierje frutash verore.

kajsi coulis

Shërben 6-8

450 gr / 1 lb kajsi pa kokrra
200 ml/7 ml oz/pak 1 filxhan ujë të ftohtë
60–75 ml/4–5 lugë gjelle sheqer (shumë i hollë).
15 ml / 1 lugë gjelle miell misri (niseshte misri)
5 ml / 1 lugë esencë vanilje (ekstrakt)
5 ml / 1 lugë çaji lëng limoni

Vendosni kajsitë në një enë me 60 ml/4 lugë ujë. Mbulojeni me mbështjellës plastik (mbështjellës plastik) dhe priteni dy herë për të lejuar që avulli të dalë. Gatuani në të plotë për 8-9 minuta derisa frutat të zbuten. Transferoni në një përpunues ushqimi ose blender dhe trajtojeni në një pure me një shtesë prej 60 ml/4 lugë gjelle ujë. Transferoni në një tas 900 ml / 1½ pt / 3¾ filxhan me sheqer. Përzieni miellin e misrit butësisht me ujin e mbetur. Shtoni në pure në tas. Gatuani, pa mbuluar, në gjendje të plotë për 2½–3½ minuta, duke e trazuar çdo 30 sekonda, derisa përzierja të jetë trashur dhe të jetë e qartë dhe të fryjë butësisht. Hidhni vaniljen dhe lëngun e limonit dhe përdorni të ftohtë.

Salcë karamel të bërë në shtëpi

Shërben 4 racione

50 g / 2 oz / ¼ filxhan sheqer të butë kafe të errët
30 ml/2 lugë gjelle ujë të ftohtë
15 ml / 1 lugë gjelle ujë të vluar

Vendosni sheqerin dhe ujin e ftohtë në një enë matëse ose enë. Gatuani, pa mbuluar, në gjendje të plotë për 2 minuta derisa të vlojë, duke parë me kujdes nëse fillon të digjet. Hiqeni nga mikrovala dhe përzieni në ujë të vluar. Përdoreni të nxehtë si mbushje për akullore ose për krem karamel.

salcë veze

Shërben 4-6

Një salcë e artë e ndritshme, lumturi mbi ëmbëlsirat si myku i frutave të verës, pudingat e ziera në avull, frutat e ziera dhe madje edhe gjërat e vogla.

600 ml / 1 pt / 2½ filxhan qumësht të plotë ose gjysmë qumësht dhe gjysmë krem (i lehtë)
10 ml / 2 lugë lugë miell misri (niseshte misri)
15 ml / 1 lugë gjelle ujë të ftohtë
4 vezë të mëdha
45 ml / 3 lugë sheqer pluhur (superfin)
5 ml / 1 lugë esencë vanilje (ekstrakt)

Hidheni qumështin në një enë matëse 1,25 litër / 2¼ pt / 5½ filxhan dhe ngroheni, të pambuluar, në Plotë për 2 minuta. Vendosni miellin në një tas 1,25 litër / 2¼ pt / 5½ filxhan dhe përzieni butësisht me ujë. Thyejeni vezët, më pas shtoni sheqerin. Rrihni derisa të bëhet një masë homogjene, më pas përzieni gradualisht qumështin e nxehtë. Gatuani, pa mbuluar, në temperaturë të plotë për 5-5½ minuta, duke e përzier çdo minutë, derisa salca të ngjitet në shpatullën ose lugën e drurit që përdoret për t'u rrahur. Përzieni në esencën e vaniljes.

Salcë veze me aromë

Shërben 4-6

Përgatiteni si për salcën e kremit të vezëve, por ekstraktin e vaniljes zëvendësoni rumin, sherin, bajamet ose esencën e trëndafilit.

Krem me limon ose portokall

Shërben 4-6

Përgatiteni si për salcën e kremës së vezëve, por esencën e vaniljes zëvendësoni 10 ml/2 lugë çaji me lëkurë portokalli ose limoni të grirë.

salcë raki

Shërben 4 racione

Tradicionalisht shërbehet në pudingun e Krishtlindjeve, edhe për byrekët me mish të grirë.

25 g / 1 oz / 2 lugë gjelle gjalpë ose margarinë
30 ml / 2 lugë gjelle miell i thjeshtë (për të gjitha qëllimet)
300 ml / ½ pt / 1 ¼ filxhan qumësht të ngrohur
25–30 ml / 1 ½–2 lugë gjelle sheqer (shumë i imët).
25–30 ml / 1 ½–2 lugë gjelle raki

Vendosni gjalpin ose margarinën në një tas 900 ml / 1½ pt / 3¾ filxhan. Shkrihet, pa mbuluar, në shkrirje për 30-45 sekonda. Përzieni miellin. Gatuani në gjendje të plotë për 30 sekonda. Përziejeni gradualisht qumështin. Gatuani, pa mbuluar, në Plotë për 4-5 minuta, duke e rrahur çdo minutë, derisa të trashet dhe të jetë e lëmuar. Përzieni sheqerin dhe gatuajeni, pa mbuluar, në Plotë për 30 sekonda. Shtoni rakinë dhe shërbejeni.

www.ingramcontent.com/pod-product-compliance
Lightning Source LLC
Chambersburg PA
CBHW071239080526
44587CB00013BA/1683